交通土建高职高专统编教材

道路建筑材料试验实训指导

Daolu Jianzhu Cailiao Shiyan Shixun Zhidao

（第二版）

姜志青 主编
李立寒［同济大学］ 主审

人民交通出版社

内 容 提 要

本书为交通土建高职高专统编教材，全书共六章，主要介绍了砂石材料试验实训、无机结合料及无机结合料稳定材料试验实训、水泥混凝土和砂浆试验实训、沥青材料试验实训、沥青混合料试验实训、钢材试验实训等43个试验实训内容。书中反映了道路建筑材料试验的新理论和新技术。

本书可作为交通土建高等职业技术教育道路与桥梁工程技术、工程造价及工程监理等专业教材，亦可作为交通中等职业教育土建类专业师生及各类干部培训学习和从事公路施工、工程监理、试验检测工作的工程技术人员参考用书。

图书在版编目（CIP）数据

道路建筑材料试验实训指导 / 姜志青主编 .—2 版 .
北京：人民交通出版社，2006.7（重印 2008.2）
ISBN 978-7-114-06076-2

Ⅰ. 道… Ⅱ. 姜… Ⅲ. 道路工程－建筑材料－材料试验－高等学校：技术学校－教材 Ⅳ. U414.03

中国版本图书馆 CIP 数据核字（2006）第 076204 号

交通土建高职高专统编教材
书　　名：道路建筑材料试验实训指导（第二版）
著 作 者：姜志青
责任编辑：卢忠贤
出版发行：人民交通出版社股份有限公司
地　　址：（100011）北京市朝阳区安定门外外馆斜街3号
网　　址：http://www.ccpress.com.cn
销售电话：（010）59757973
总 经 销：人民交通出版社股份有限公司发行部
经　　销：各地新华书店
印　　刷：北京市密东印刷有限公司
开　　本：787×1092　1/16
印　　张：14.25
字　　数：340千
版　　次：2003年7月　第1版
　　　　　2006年7月　第2版
印　　次：2019年11月　第2版　第16次印刷　总第20次印刷
书　　号：ISBN 978-7-114- 06076-2
定　　价：22.00元

总　　序

针对高职高专教材建设与发展问题，教育部在《关于加强高职高专教材建设的若干意见》中明确指出：先用2至3年时间，解决好高职高专教材的有无问题。再用2至3年时间，推出一批特色鲜明的高质量的高职高专教育教材，形成**一纲多本、优化配套**的高职高专教育教材体系。

2001年7月，由人民交通出版社发起组织，15所交通高职院校的路桥系主任和骨干教师相聚昆明，研讨交通土建高职高专教材的建设规划，提出了28种高职高专教材的编写与出版计划。后在交通部科教司路桥工程学科委员会的具体指导下，在人民交通出版社精心安排、精心组织下，于2002年7月前完成了28种路桥专业高职高专教材出版工作。

这套教材的出版发行，首先解决了交通高职教育教材的有无问题，有力支持了路桥专业高职教育的顺利发展，也受到了全国各高职院校的普遍欢迎。

随着高职教育教学改革的深入发展、高职教学经验的丰富与积累，以及本行业有关技术标准、规范的更新，本套教材在使用了2至3轮的基础上，对教材适时进行修订是十分必要的，时机也是成熟的。

2004年8月，人民交通出版社在新疆乌鲁木齐召开了有19所交通高职院校领导、系主任、骨干教师共41人参加的教材修订研讨会。会议商定了本套教材修订的基本原则、方法和具体要求。会议决定本套教材更名为“交通土建高职高专统编教材”，并成立了以吉林交通职业技术学院张洪滨为主任委员的“交通土建高职高专统编教材编审委员会”，全面负责本套教材的修订与后续补充教材的建设工作。

2005年6月，编委会在长春召开了同属交通土建大类、与路桥专业链接紧密的“工程监理专业、工程造价专业、高等级公路维护与管理专业”主干课程教材研讨会，正式规划和启动了这三个专业教材的编写出版工作。

2005年12月，教育部高等教育司发布了“关于申报普通高等教育‘十一五’国家级规划教材”选题的通知（教高司函［2005］195号），人民交通出版社积极推荐本套教材参加了“十一五”国家级规划教材选题的评选。

2006年6月，经教育部组织专家评选、网上公示，本套教材中有十五种入选为“十一五”国家级规划教材，2008年1月，又有六种教材在“十一五”国家级规划教材补报中列选，共计21种，标志着广大参与本套教材编写的教师的辛勤劳动得到了社会的认可、本套教材的编写质量得到了社会的认同。

2006年7月，交通土建高职高专统编教材编审委员会及时在银川召开会议，有24所各省区交通高职院校或开办有交通土建类专业的高等学校系部主任、专业带头人、骨干教师以及人民交通出版社领导共39位代表出席了本次会议。会议就全面落实教育部“十一五”国家级规划教材的编写工作进行了研讨。与会代表一致认为必须以入选的十五种国家级规划教材为基本标准，进一步全面提升本套教材的编写质量，编审委员会将严格按照国家级规划教材的要求审稿把关，并决定本套教材更名为**“全国交通土建高职高专规划教材”**，原编委会相应更名为**“全国交通土建高职高专规划教材编审委员会”**。以期在全国绝大多数交通高职院校和开办有交通土建类专业的高等院校的参与、统筹、规划下，本套教材中有更多的进入“十一五”国家级规划教材行列。

2007年5月，编委会在湖南长沙召开工作会议，就“十一五”国家级规划教材主参编人员的确定和教材的编写原则作出了具体安排，全面启动“十一五”国家级规划教材的编写与出版工作。

2008年4月，编委会在广东珠海召开工作会议，研讨了**“工学结合”**高职高专教材编写思路，决定在“十一五”国家级规划教材编写过程中，注重高职教学改革新方向，注重工程实践经验的引入，倡导**“工学结合”**。

本套高职高专规划教材具有以下特色：

——顺应交通高职院校人才培养模式和教学内容体系改革的要求，按照专业培养目标，进一步加强教材内容的针对性和实用性，适应学制转变，合理精简和完善内容，调整教材体系，贴近模块式教学的要求；

——实施开放式的教材编审模式，聘请高等院校知名教授和生产一线专家直接介入教材的编审工作，更加有利于对教材基本理论的严格把关，有利于反映科研生产一线的最新技术，也使得技能培训与实际密切结合；

——全面反映2003年以来的公路工程行业已颁布实施的新标准、规范；

——服务于师生、服务于教学，重点突出，逐章均配有思考题或习题，并给出本教材的参考教学大纲；

——注重学生基本素质、基本能力的培养，教材从内容上、形式上力求更加贴近实际；

——为加强学生的实际动手能力，针对《工程测量》、《道路建筑材料》等课程，本套教材特别配套有实训类辅导教材；

——为方便教学，本套教材配套有《道路工程制图多媒体教材》、《公路工程试验实训多媒体教材》、《路基路面施工与养护技术多媒体教材》、《桥涵设计多媒体教材》、《桥涵施工技术多媒体教材》、《现代道路测量仪器与技术多媒体教材》等。

本套教材的出版与修订再版，始终得到了交通部科教司路桥工程学科委员会和全国交通职教路桥专业委员会的指导与支持，凝聚了交通行业专家、教师群体的智慧和辛勤劳动。愿我们共同向精品教材的目标持续努力。

向所有关心、支持本套教材编写出版的各级领导、专家、教师、同学和朋友们致以敬意和谢意。

全国交通土建高职高专规划教材编审委员会
人民交通出版社
2008年5月

第二版前言

《道路建筑材料试验实训指导》为交通土建高职高专统编教材《道路建筑材料》(第二版)配套使用的教学用书。本书是在2003年编写的《道路建筑材料试验指导书》基础上,依据交通部最新颁布的《公路工程水泥及水泥混凝土试验规程》(JTG E30—2005)、《公路工程岩石试验规程》(JTG E41—2005)、《公路工程集料试验规程》(JTG E42—2005)等新规范或规程进行了重新编写,并更名为《道路建筑材料试验实训指导》(第二版)。

本书第二版保持了原有的特色,结合高职教育特点,围绕交通土建高等职业技术教育专业培养目标,突出学生实践技能培养,力求反映道路建筑材料试验的新理论和新技术,采用了新颁布的国家及行业技术标准和技术规范,在岩石试验实训、集料试验实训、水泥性质试验实训、水泥混凝土试验实训部分使用了最新标准。为了突出本书重点,减少篇幅,第二版删去了第一版中的第七章"Excel电子表格处理试验数据方法"。

本书第二版在版面编排形式上做了很多改进,其中:为方便学生上交实训报告,实训报告单独成页,并设置了方便裁剪的裁剪线。

由于学时有限,各高职院校可根据其具体情况,酌情选用相应的试验实训内容。同时,人民交通出版社出版发行了**《公路工程试验实训多媒体教材》**(DVD光盘一张),以视频演示的形式生动再现了有关试验的过程。各高职院校可选其作为道路建材试验实训辅助教材。

本书由吉林交通职业技术学院姜志青主编。全国交通土建高职高专统编教材编审委员会特邀同济大学李立寒教授担任本书主审。

参加编写人员还有吉林交通职业技术学院的崔岩、张旭、汤宏丽、陈立春、徐词,湖北交通职业技术学院的杨太秀,河南交通职业技术学院的谭萍。具体编写情况如下:第一章由汤宏丽、陈立春编写;第二章由崔岩、张旭编写;第三章由崔岩编写;总则、第四章、第五章由姜志青编写;第六章由姜志青、谭萍和杨太秀编写。本书中的试验实训报告由张旭、徐词提供整理。

本教材在编写过程中,得到人民交通出版社卢仲贤、王霞、吉林交通职业技术学院张洪滨的指导和帮助,附于书末的主要参考文献作者们对本书完成给予了巨大支持,在此一并致以诚挚的谢意!

鉴于编者水平及经验有限,书中错误和疏漏之处在所难免,敬请广大读者提出宝贵意见。

编　者

2006年4月

第一版前言

为了满足交通高等职业技术教育路桥专业实用型人才对道路建筑材料的基本知识和基本操作技能的需要，交通职业教育路桥工程学科委员会组织编写并由人民交通出版社于 2002 年出版了《交通高等职业技术教育教材——道路建筑材料》。

本试验指导书是《交通高等职业技术教育教材——道路建筑材料》的配套教材，编者依据多年道路建筑材料的教学及从事工程实践的经验，根据交通高等职业教育土建专业培养目标及学生特点，编写了共七章内容的《道路建筑材料试验指导书》。在教材的编写过程中，力求使教材能反映道路建筑材料试验的新理论和新技术，采用了新颁布的国家及行业技术标准和技术规范，且为适应当前的教学和工程实际，增加了计算机处理试验数据的新内容。

本书主要供土建专业高职教学使用，也可作为道路工程技术等级考核的参考用书，同时还可作为公路工程技术人员的参考用书。

本书由吉林交通职业技术学院姜志青主编，陕西交通技术学院程兴新主审。参加编写的人员还有吉林交通职业技术学院的崔岩、张旭、汤宏丽、齐立云，湖北交通职业技术学院的杨太秀，河南交通学校的谭萍。具体编写情况如下：第一章由汤宏丽、齐立云编写；第二章由崔岩、张旭编写；第三章由崔岩编写；第四章、第五章由姜志青编写；第六章由姜志青、谭萍和杨太秀编写；第七章由张旭编写。本书中的试验示例及试验记录表由张旭提供。

本书在编写过程中，得到人民交通出版社副编审卢仲贤、吉林交通职业技术学院副教授张洪滨等的指导和帮助，附于书后的主要参考文献的作者们也对本书的完成给予了巨大支持，在此深表谢意。

鉴于编者水平及经验有限，书中错误和疏漏之处在所难免，敬请广大读者提出宝贵意见。

编　者

2002 年 12 月

目　录

道路建筑材料试验实训总则 …… 1
第一章　砂石材料试验实训指导 …… 3
实训一　岩石单轴抗压强度试验 …… 3
实训二　粗集料筛分试验 …… 5
实训三　粗集料密度及吸水率试验(网篮法) …… 8
实训四　粗集料堆积密度及空隙率试验 …… 11
实训五　水泥混凝土用粗集料针片状颗粒含量试验(规准仪法) …… 13
实训六　粗集料针片状颗粒含量试验(游标卡尺法) …… 15
实训七　粗集料压碎值试验 …… 17
实训八　粗集料磨耗试验(洛杉矶法) …… 18
实训九　细集料筛分试验 …… 20
实训十　细集料表观密度试验(容量瓶法) …… 23
实训十一　细集料堆积密度及紧装密度试验 …… 24
本章实训报告 …… 27
第二章　无机结合料及无机结合料稳定材料试验实训指导 …… 51
实训一　有效氧化钙和氧化镁的测定 …… 51
实训二　水泥细度检验方法(80μm 筛筛析法) …… 55
实训三　水泥标准稠度用水量、凝结时间和安定性检验方法 …… 57
实训四　水泥胶砂强度检验方法(ISO 法) …… 62
实训五　粉煤灰有效氧化物含量试验 …… 65
实训六　粉煤灰烧失量试验 …… 72
实训七　粉煤灰细度试验 …… 73
实训八　无机结合料稳定土无侧限抗压强度试验 …… 74
实训九　水泥和石灰稳定土中水泥或石灰剂量的测定方法 …… 78
本章实训报告 …… 81
第三章　水泥混凝土和砂浆试验实训指导 …… 105
实训一　水泥混凝土拌和物的拌和与现场取样方法 …… 105
实训二　水泥混凝土拌和物稠度试验(坍落度仪法) …… 107
实训三　水泥混凝土拌和物稠度试验(维勃仪法) …… 108
实训四　水泥混凝土立方体抗压强度试验 …… 110
实训五　水泥混凝土抗弯拉强度试验 …… 112
实训六　水泥混凝土立方体劈裂抗拉强度试验 …… 114
实训七　砂浆稠度试验 …… 116
实训八　水泥砂浆立方体抗压强度试验 …… 117
本章实训报告 …… 121

第四章　沥青材料试验实训指导 …… 135
实训一　沥青针入度试验 …… 135
实训二　沥青延度试验 …… 139
实训三　沥青软化点试验(环球法) …… 141
实训四　沥青与粗集料的粘附性试验 …… 144
实训五　沥青动力粘度试验(真空减压毛细管法) …… 147
实训六　乳化沥青破乳速度试验 …… 149
本章实训报告 …… 153
第五章　沥青混合料试验实训指导 …… 165
实训一　沥青混合料试件制作方法(击实法) …… 165
实训二　压实沥青混合料密度试验(表干法) …… 169
实训三　沥青混合料马歇尔稳定度试验 …… 173
实训四　沥青混合料车辙试验 …… 176
实训五　沥青混合料中沥青含量试验(离心分离法) …… 179
实训六　沥青混合料肯塔堡飞散试验 …… 182
实训七　沥青混合料谢伦堡沥青析漏试验 …… 184
本章实训报告 …… 187
第六章　钢材试验实训指导 …… 201
实训一　金属冷弯试验 …… 201
实训二　金属室温拉伸试验 …… 204
本章实训报告 …… 209
参考文献 …… 213

道路建筑材料试验实训总则

一、道路建筑材料试验实训目的和意义

道路建筑材料试验实训是道路与桥梁等专业的一门不可缺少的实践课程。通过试验实训,使学习者能够运用道路建筑材料的基本知识和建筑材料试验技术,正确掌握并运用相应标准及规范,分析和整理试验检测数据,对工程所用的材料性能及质量做出准确的评价,提供科学的、真实的工程质量检测结果。

二、道路建筑材料试验实训规定

1.试验实训要求

实训人员必须掌握道路建筑材料的理论知识,明确实训目的和任务,了解仪器设备使用和操作规程,熟悉试验实训步骤, 注意有关事项。

2.试样的采集方法和试样数量的规定

(1)试样必须具有代表性,使少量试样所得出的试验结果,能确切地反映整批材料的质量。试验前需对试样作检查,并应特别注意那些可能影响试验结果正确性的特征,做好记录。

(2)对每一单项试验,每组试样的取样数量宜不少于规范规定的最少取样量。需做几项试验时,如确能保证试样经一项试验后不致影响另一项试验的结果,可用同一组试样进行几项不同的试验。

3.确定正确的试验方法

通过试验所测得的材料性能指标,都是按一定试验方法得出的有条件性的指标,试验方法不同,其结果也就不一样。因此,所确定的试验方法必须能正确地反映材料的真实性能,并且切实可行。

4.试验操作过程要求

(1)实训人员必须使仪器设备、试件制备、量测技术等严格符合既定试验方法中所做的规定,以保证试验条件的统一,获得准确、具有可比性的试验结果。

(2)由于材料往往不很均匀,所以还必须对几个试件作平行试验,借以提高试验结果的精确度。

(3)在整个试验操作的过程中,还必须注意观察出现的各种现象,做好记录,以便分析。

5.仪器设备使用规定

(1)本实训使用的仪器设备均应经相应的计量部门或检测机构检定合格,并在使用中进行校正。计量单位应采用国家法定计量单位。

(2)试验时仪器设备如有损坏,要及时报告登记,一旦发生事故,要及时采取措施,迅速如实地向有关部门报告,并保护现场,认真分析事故原因。

(3)检验设备、计量仪表使用时,要做到用前检查,用后清洁干净。

(4)检测人员必须自觉爱护仪器设备,经常保持仪器设备整洁、润滑、能安全正确使用。

6.试验数据的分析与处理要求

(1)各项试验结果的计算及表示应符合有效数字的规定。试验方法的精密度或允许差用重复性试验和复现性试验的试验结果的标准差或误差表示,测定结果的准确度或误差应符合本实训的具体规定。对于平行试验,应按所得到的数据,计算得出一个有意义的平均值作为测定值。

(2)运用数理统计方面的知识对检测结果进行数据处理。利用算术平均值、误差、变异系数、正态分布和概率、可疑数据的取舍、数字修约规则等内容对检测数据进行科学的分析,评价原材料的性质和质量。

(3)试验结果的分析:包括分析试验结果的可靠程度;说明在既定试验方法下所得成果的适用范围;将试验结果与材料质量标准相比较,并做出结论。

7.原始记录与试验检测报告的填写要求

(1)检测人员要按照规定格式、文字认真填写试验检测报告,采用规定的格式纸或表格,用钢笔或圆珠笔填写。原始记录不得随意涂改或删除,确需更改的地方只能画改并由记录者在更改处加盖本人印章。

(2)填写原始记录应做到字迹清晰、数据准确、内容真实。所列栏目填写齐全,不得擅自取舍。如有无需填写的栏目,应在空栏内打一横线或加以说明。

(3)原始记录上必须有检测、记录与校核人员的签字。

8.实训人员注意事项

(1)必须遵守安全操作、防火、防毒及环境保护的规定。

(2)要爱护仪器设备、节约试验材料,遵守操作规程,认真记录试验数据。

(3)室内应保持整洁,试验中的污废物或废液要按指定地点倾倒。

第一章　砂石材料试验实训指导

实训一　岩石单轴抗压强度试验

（JTG E41 T0221—2005）

一、目的与适用范围

单轴抗压强度试验是测定规则形状岩石试件单轴抗压强度的方法，主要用于岩石的强度分级和岩性描述。

本法采用饱和状态下的岩石立方体（或圆柱体）试件的抗压强度来评定岩石强度（包括碎石或卵石的原始岩石强度）。

在某些情况下，试件含水状态还可根据需要选择天然状态、烘干状态或冻融循环后状态。试件的含水状态要在试验报告中注明。

二、仪器设备

1. 压力试验机或万能试验机。
2. 钻石机、切石机、磨石机等岩石试件加工设备。
3. 烘箱、干燥箱、游标卡尺、角尺及水池等。

三、试验方法与步骤

（一）试验准备

1. 建筑地基的岩石试验，采用圆柱体作为标准试件，直径为 50mm ± 2mm、高径比为 2∶1；每组试件 6 个。

2. 桥梁工程用的石料试验，采用立方体试件，边长为 70mm ± 2mm；每组试件 6 个。

3. 路面工程用的石料试验，采用圆柱体或立方体试件，其直径或边长和高均为 50mm ± 2mm；每组试件 6 个。

有显著层理的岩石，分别沿平行和垂直层理方向各取试件 6 个。试件上、下端面应平行并磨平，试件端面的平面度公差应小于 0.05mm，端面对于试件轴线垂直度偏差不应超过

0.25°。对于非标准圆柱体试件，试验后抗压强度试验值可按公式进行换算。

(二)试验步骤

1.用游标卡尺量取试件尺寸(精确至0.1mm)。对立方体试件，在顶面和底面上各量取其边长，以各个面上相互平行的两个边长的算术平均值计算其承压面积；对于圆柱体试件，在顶面和底面分别测量两个相互正交的直径，并以其各自的算术平均值分别计算底面和顶面的面积，取其顶面和底面面积的算术平均值作为计算抗压强度所用的截面积。

2.试件的含水状态可根据需要选择烘干状态、天然状态、饱和状态、冻融循环后状态。试件烘干和饱和状态、试件冻融循环后状态应符合相关条款的规定。

3.按岩石强度性质，选定合适的压力机。将试件置于压力机的承压板中央，对正上、下承压板，不得偏心。

4.以0.5~1.0MPa/s的速率进行加荷直到破坏，记录破坏荷载及加载过程中出现的现象。抗压试件试验的最大荷载记录以N为单位，精度1%。

四、结果整理

1.岩石的抗压强度和软化系数分别按式(1-1)、式(1-2)计算。

$$R = \frac{P}{A} \tag{1-1}$$

式中：R——岩石的抗压强度(MPa)；

P——试件破坏时的荷载(N)；

A——试件的截面积(mm^2)。

$$K_p = \frac{R_w}{R_d} \tag{1-2}$$

式中：K_p——软化系数；

R_w——岩石饱和状态下的单轴抗压强度(MPa)；

R_d——岩石烘干状态下的单轴抗压强度(MPa)。

2.单轴抗压强度试验结果应同时列出每个试件的试验值及同组岩石单轴抗压强度的平均值。有显著层理的岩石，应分别列出垂直与平行层理方向的试件强度的平均值。计算值精确至0.1MPa。

软化系数计算值精确至0.01，3个试件平行测定，取算术平均值。3个值中最大与最小之差不应超过平均值的20%，否则，应另取第4个试件，并在1个试件中取最接近的3个值的平均值作为试验结果，同时在报告中将4个值全部给出。

3.试验记录

单轴抗压强度试验记录应包括岩石名称、试验编号、试件编号、试件描述、试件尺寸、破坏荷载、破坏状态。

五、上交资料

每人上交一份岩石单轴抗压强度试验实训报告(见第27页实训一)。

实训二　粗集料筛分试验

（JTG E42 T0302—2005）

一、目的与适用范围

1.测定粗集料（碎石、砾石、矿渣等）的颗粒组成。对水泥混凝土用粗集料可采用干筛法筛分，对沥青混合料及基层用粗集料必须采用水洗法试验。

2.本方法也适用于同时含有粗集料、细集料、矿粉的矿质混合料如未筛碎石、级配碎石、天然砂砾、级配砂砾、无机结合料稳定基层材料、沥青拌和楼的冷料混合料、热料仓材料、沥青混合料经抽提后的矿料等筛分试验。

二、仪器设备

1.试验筛：根据需要选用规定的标准筛。

2.摇筛机。

3.天平或台秤：感量不大于试样质量的0.1%。

4.其它：盘子、铲子、毛刷等。

三、试验方法与步骤

（一）试验准备

按规定将来料用分料器或四分法缩分至表1-1要求的试样所需量，风干后备用。根据需要可按要求的集料最大粒径的筛孔尺寸过筛，除去超粒径部分颗料后，再进行筛分。

筛分用的试样质量　　表1-1

公称最大粒径(mm)	75	63	37.5	31.5	26.5	19	16	9.5	4.75
试样质量不少于(kg)	10	8	5	4	2.5	2	1	1	0.5

（二）试验步骤

1.水泥混凝土用粗集料干筛法试验步骤

（1）取试样一份置于105℃±5℃烘箱中烘干至恒重，称取干燥集料试样的总质量（m_0），准确至0.1%。

（2）用搪瓷盘作为筛分容器，按筛孔大小排列顺序逐个将集料过筛，人工筛分时，需使集料在筛面上同时有水平方向及上下方向的不停顿运动，使小于筛孔的集料通过筛孔，直到

1min内通过筛孔的质量小于筛上残余量的0.1%为止。当采用摇筛机筛分时，应在摇筛机筛分后再逐个由人工补筛。将筛出通过的颗料并入下一号筛，和下一号筛中的试样一起过筛，顺序进行，直至各号筛全部筛完为止，以确认1min内通过筛孔的质量确实小于筛上残余量的0.1%。

注：由于0.075mm筛干筛几乎不能把沾在粗集料表面的小于0.075mm部分的石粉筛过去，而且对水泥混凝土用粗集料而言，0.075mm通过率的意义不大，所以也可以不筛，且把通过0.15mm筛的筛下部分作为0.075mm的分计筛余，将粗集料的0.075mm通过率假设为0。

(3)如果某个筛上的集料过多，影响筛分作业时，可以分两次筛分。当筛余颗粒的粒径大于19mm时，筛分过程中允许用手指轻轻拨动颗粒，但不得逐颗塞过筛孔。

(4)称取每个筛上的筛余量，准确至总质量的0.1%，各筛分计筛余量及筛底存量的总和与筛分前试样的干燥总质量 m_0 相比，其相差不得超过0.5%。

2.沥青混合料及基层用粗集料水洗法试验步骤

(1)取一份试样，将试样置105℃±5℃烘箱中烘干至恒重，称取干燥集料试样的总质量(m_3)，准确至0.1%。

(2)将试样置一洁净容器中，加入足够数量的洁净水，将集料全部盖没，但不得使用任何洗涤剂、分散剂或表面活性剂。

(3)用搅棒充分搅动集料，使集料表面洗涤干净，使细粉悬浮在水中，但不得破碎集料或使集料从水中溅出。

(4)根据集料粒径大小选择一组套筛，其底部为0.075mm标准筛，上部为2.36mm或4.75mm筛。仔细将容器中混有细粉的悬浮液倒出，经过套筛流入另一容器中，尽量不致将粗集料倒出，以免损坏标准筛筛面。

(5)重复步骤(2)~(4)，直至倒出的水洁净为止。必要时可采用水流缓慢冲洗。

(6)将套筛的每个筛子上的集料及容器中的集料全部回收在一个搪瓷盘中，容器上不得有沾附的集料颗粒。

注：沾在0.075mm筛面上的细粉很难回收扣入搪瓷盘中，此时需将筛子倒扣在搪瓷盘上用少量的水并助以毛刷将细粉刷落入搪瓷盘中，并注意不要散失。

(7)在确保细粉不散失的前提下，小心泌去搪瓷盘中的积水，将搪瓷盘连同集料一起置105℃±5℃烘箱中烘干至恒重，称取干燥集料试样的总质量(m_4)，准确至0.1%。用 m_3 与 m_4 的差值作为0.075mm的筛下部分。

(8)将回收的干燥集料按干筛方法筛分出0.075mm筛以上各筛的筛余量，此时0.075mm筛筛下部分应为0，如果尚能筛出，则应将其并入水洗得到的0.075mm的筛下部分，且表示水洗得不干净。

四、结果整理

1.干筛法筛分结果的计算

(1)计算各筛分计筛余量及筛底存量的总和与筛分前试样的干燥总质量 m_0 之差，作为筛分时的损耗，并计算损耗率，若损耗率大于0.3%，应重新进行试验。

$$m_5 = m_0 - (\sum m_i + m_{底}) \tag{1-3}$$

式中：m_5——由于筛分造成的损耗，g；

m_0——用于干筛的干燥集料总质量，g；

m_i——各号筛上的分计筛余，g；

i——依次为 0.075mm、0.15mm……至集料最大粒径的排序；

$m_{底}$——筛底（0.075mm 以下部分）集料总质量，g。

（2）分计筛余百分率

干筛后各号筛上的分计筛余百分率按式（1-4）计算，精确至 0.1%。

$$P'_i = \frac{m_i}{m_0 - m_5} \times 100 \tag{1-4}$$

式中：P'_i——各号筛上的分计筛余百分率，%；

m_5、m_0、m_i、i——意义同前。

（3）累计筛余百分率

各号筛的累计筛余百分率为该号筛以上各号筛的分计筛余百分率之和，精确至 0.1%。

（4）通过百分率

各号筛的质量通过百分率 P_i 等于 100 减去该号筛累计筛余百分率，精确至 0.1%。

（5）用筛底存量除以扣除损耗后的干燥集料总质量计算 0.075mm 筛的通过率。

（6）试验结果用两次试验的平均值表示，准确至 0.1%。当两次试验结果 $P_{0.075}$ 的差值超过 1% 时，试验应重新进行。

2. 水筛法筛分结果的计算

（1）按式（1-5）、式（1-6）计算粗集料中 0.075mm 筛筛下部分质量 $m_{0.075}$ 和含量 $P_{0.075}$，准确至 0.1%。当两次试验结果 $P_{0.075}$ 的差值超过 1% 时，试验应重新进行。

$$m_{0.075} = m_3 - m_4 \tag{1-5}$$

$$P_{0.075} = \frac{m_{0.075}}{m_3} = \frac{m_3 - m_4}{m_3} \times 100 \tag{1-6}$$

式中：$P_{0.075}$——粗集料中小于 0.075mm 的含量（通过率），%；

$m_{0.075}$——粗集料中水洗得到的小于 0.075mm 部分的质量，g；

m_3——用于水洗的干燥粗集料总质量，g；

m_4——水洗后的干燥粗集料总质量，g。

（2）计算各筛分计筛余量及筛底存量的总和与筛分前试样的干燥总质量 m_4 之差，作为筛分时的损耗，若大于 0.3%，应重新进行试验。

$$m_5 = m_3 - (\sum m_i + m_{0.075}) \tag{1-7}$$

式中：m_5——由于筛分造成的损耗，g；

m_3——用于水筛筛分的干燥集料总质量，g；

m_i——各号筛上的分计筛余，g；

i——依次为 0.075mm、0.15mm……至集料最大粒径的排序；

$m_{0.075}$——水洗后得到的 0.075mm 筛以下部分质量，即 $m_3 - m_4$，g。

（3）计算其他各筛的分计筛余百分率、累计筛余百分率、通过百分率，计算方法与干筛法相同，当干筛筛分有损耗时，应按干筛法从总质量中扣除损耗部分。

（4）试验结果以两次试验的平均值表示。

注：如筛底 $m_{底}$ 的值不是 0，应将其并入 $m_{0.075}$ 中重新计算 $P_{0.075}$。

3.报告

(1)筛分结果以各筛孔的质量通过百分率表示。

(2)对于沥青混合料、基层材料配合比设计用的集料筛分曲线,其横坐标为筛孔尺寸的0.45次方(见表1-2),纵坐标为普通坐标,如图1-1所示。

级配曲线的横坐标(按 $X = d_i^{0.45}$ 计算) 表1-2

筛孔 d_i(mm)	0.075	0.15	0.3	0.6	1.18	2.36	4.75
横坐标 X	0.312	0.426	0.582	0.795	1.077	1.472	2.016
筛孔 d_i(mm)	9.5	13.2	16	19	26.5	31.5	37.5
横坐标 X	2.745	3.193	3.482	3.762	4.370	4.723	5.109

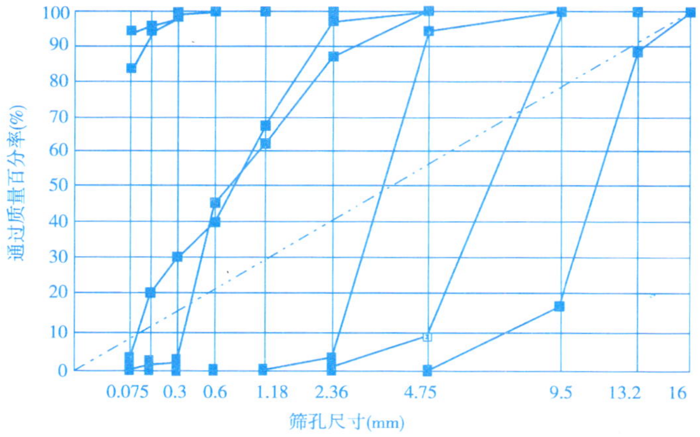

图1-1 集料筛分曲线与矿料级配设计曲线

(3)同一种集料至少取两个试样平行试验两次,取平均值作为每号筛上筛余量的试验结果,报告集料级配组成的通过百分率及级配曲线。

五、上交资料

每人上交一份粗集料筛分试验实训报告(见第29、第31页实训二)。

实训三 粗集料密度及吸水率试验(网篮法)

(JTG E42 T0304—2005)

一、目的与适用范围

本方法适用于测定各种粗集料的表观相对密度、表干相对密度、毛体积相对密度、表观密度、表干密度、毛体积密度以及粗集料的吸水率。

二、仪器设备

1. 天平或浸水天平：可悬挂吊篮测定集料的水中质量，称量应满足试样数量称量要求，感量不大于最大称量的 0.05%。

2. 吊篮：由耐锈蚀材料制成，直径和高度为 150mm 左右，四周及底部用 1 ~ 2mm 的筛网编制或具有密集的孔眼。

3. 溢流水槽：在称量水中质量时能保持水面高度一定。

4. 烘箱：能控温在 105℃ ± 5℃。

5. 温度计。

6. 标准筛。

7. 其它：盛水容器（如搪瓷盘）、刷子、毛巾等。

三、试验方法与步骤

（一）试验准备

1. 将试样用标准筛过筛，除去其中的细集料，对较粗的粗集料可用 4.75mm 筛过筛，对 2.36 ~ 4.75mm 集料或者混在 4.75mm 以下石屑中的粗集料，则用 2.36mm 标准筛过筛，用四分法或分料器法缩分至要求的质量，分两份备用。对沥青路面用粗集料，应对不同规格的集料分别测定，不得混杂，所取的每一份集料试样应基本上保持原有的级配。在测定 2.36 ~ 4.75mm的粗集料时，试验过程中务必特别小心，避免丢失集料。

2. 经缩分后供测定密度和吸水率的粗集料质量应符合表 1-3 的规定。

测定密度所需要的试样最少质量 表 1-3

公称最大粒径(mm)	4.75	9.5	16	19	26.5	31.5	37.5	63	75
每一份试样的最少质量(kg)	0.8	1	1	1	1.5	1.5	2	3	3

3. 将每一份集料试样浸泡在水中，并适当搅动，仔细洗去附在集料表面的尘土和石粉，经多次漂洗至水完全清澈为止。清洗过程中不得散失集料颗粒。

（二）试验步骤

1. 取试样一份装入干净的搪瓷盘中，注入洁净的水，水面至少应高出试样 20mm，轻轻搅动石料，使附着石料上的气泡完全逸出。在室温下保持浸水 24h。

2. 将吊篮挂在天平的吊钩上，浸入溢流水槽中，向溢流水槽中注水，水面高度至水槽的溢流孔为止，将天平调零。吊篮的筛网应保证集料不会通过筛孔流失，对 2.36 ~ 4.75mm 粗集料应更换小孔筛网或在网篮中加放一个浅盘。

3. 调节水温在 15 ~ 25℃范围内，将试样移入吊篮中。溢流水槽中的水面高度由水槽的溢流孔控制，维持不变，称取集料的水中质量（m_w）。

4. 提起吊篮，稍稍滴水。较粗的粗集料可以直接将粗集料倒在拧干的湿毛巾上，较细的粗集料(2.36～4.75mm)将试样连同浅盘一起取出,仔细倒出余水,将粗集料倒在拧干的湿毛巾上,注意不得有颗粒丢失,或有小颗粒附在吊篮上。用毛巾吸走从集料中漏出的自由水,再用拧干的湿毛巾轻轻擦干集料颗粒的表面水,至表面看不到发亮的水迹,即达到饱和面干状态。当粗集料尺寸较大时,宜逐颗擦干。注意对较粗的粗集料,拧湿毛巾时防止拧得太干;对较细的含水较多的粗集料,毛巾可拧得稍干些。擦颗粒的表面水时,既要将表面水擦掉,又千万不能将颗粒内部的水吸出。整个过程中不得有集料丢失,且已擦干的集料不得继续在空气中放置,以防止集料干燥。

注:对2.36～4.75mm集料,用毛巾擦拭时容易沾附细颗粒集料造成损失,此时宜改用洁净的纯棉汗衫布擦拭至表干状态。

5.在保持表干状态下,立即称取集料的表干质量(m_f)。

6.将集料置于浅盘中,放入105℃±5℃的烘箱中烘干至恒重。取出浅盘,放在带盖的容器中冷却至室温,称取集料的烘干质量(m_a)。

7.对同一规格的集料应平行试验两次,取平均值作为试验结果。

四、结果整理

1.表观相对密度γ_a、表干相对密度γ_s、毛体积相对密度γ_b分别按式(1-8)、式(1-9)、式(1-10)计算至小数点后3位。

$$\gamma_a = \frac{m_a}{m_a - m_w} \tag{1-8}$$

$$\gamma_s = \frac{m_f}{m_f - m_w} \tag{1-9}$$

$$\gamma_b = \frac{m_a}{m_f - m_w} \tag{1-10}$$

式中:γ_a——集料的表观相对密度,无量纲;

γ_s——集料的表干相对密度,无量纲;

γ_b——集料的毛体积相对密度,无量纲;

m_a——集料的烘干质量,g;

m_f——集料的表干质量,g;

m_w——集料的水中质量,g。

2.集料的吸水率以烘干试样为基准,按式(1-11)计算,准确至0.01%。

$$W_x = \frac{m_f - m_a}{m_a} \times 100 \tag{1-11}$$

式中:W_x——粗集料的吸水率,%。

3.粗集料的表观密度(视密度)ρ_a、表干密度ρ_s、毛体积密度ρ_b,分别按式(1-12)、式(1-13)、式(1-14)计算,准确至小数点后3位。不同水温条件下测量的粗集料表观密度需进行水温修正,不同试验温度下水的密度ρ_T及水的温度修正系数α_T按表1-4选用。

$$\rho_a = \gamma_a \times \rho_T \text{ 或 } \rho_a = (\gamma_a - \alpha_T) \times \rho_w \tag{1-12}$$

$$\rho_s = \gamma_s \times \rho_T \text{ 或 } \rho_s = (\gamma_s - \alpha_T) \times \rho_w \tag{1-13}$$

$$\rho_b = \gamma_b \times \rho_T \text{ 或 } \rho_b = (\gamma_b - \alpha_T) \times \rho_w \tag{1-14}$$

不同水温时水的密度 ρ_T 及水的温度修正系数 α_T　　表 1-4

水温(℃)	15	16	17	18	19	20
水的密度 ρ_T(g/cm³)	0.99913	0.99897	0.99880	0.99862	0.99843	0.99822
水温修正系数 α_T	0.002	0.003	0.003	0.004	0.004	0.005
水温(℃)	21	22	23	24	25	
水的密度 ρ_T(g/cm³)	0.99802	0.99779	0.99756	0.99733	0.99702	
水温修正系数 α_T	0.005	0.006	0.006	0.007	0.007	

重复试验的精密度,对表观相对密度、表干相对密度、毛体积相对密度,两次结果相差不得超过 0.02,对吸水率不得超过 0.2%。

五、上交资料

每人上交一份粗集料密度及吸水率试验(网篮法)实训报告(见第 33 页实训三)。

实训四　粗集料堆积密度及空隙率试验

(JTG E42 T0309—2005)

一、目的与适用范围

测定粗集料的堆积密度,包括自然堆积状态、振实状态、捣实状态下的堆积密度以及松方状态下的间隙率。

二、仪器设备

1.天平或台秤:感量不大于称量的 0.1%。

2.容量筒:适用于粗集料堆积密度测定的容量筒,应符合表 1-5 的要求。

容量筒的规格要求　　表 1-5

粗集料公称最大粒径(mm)	容量筒容积(L)	容量筒规格(mm)			筒壁厚度(mm)
		内径	净高	底厚	
≤4.75	3	155 ± 2	160 ± 2	5.0	2.5
9.5 ~ 26.5	10	205 ± 2	305 ± 2	5.0	2.5
31.5 ~ 37.5	15	255 ± 5	295 ± 5	5.0	3.0
≥53	20	355 ± 5	305 ± 5	5.0	3.0

3.平头铁锹。

4. 烘箱：能控温 105℃ ± 5℃。

5. 振动台。

6. 捣棒：直径 16mm，长 600mm，一端为圆头的钢棒。

三、试验方法与步骤

（一）试验准备

按规定方法取样、缩分，质量应满足试验要求，在 105℃ ± 5℃的烘箱中烘干，也可以摊在清洁的地面上风干，拌匀后分成两份备用。

（二）试验步骤

1. 自然堆积密度

取试样 1 份，置于平整干净的水泥地（或铁板）上，用平头铁秋铲起试样，使石子自由落入容量筒内。此时，铁锹的齐口至容量筒上口的距离应保持为 50mm 左右，装满容量筒并除去凸出筒口表面的颗粒，并以合适的颗粒填入凹陷空隙，使表面积稍凸起部分和凹陷部分的体积大致相等，称取试样和容量筒总质量（m_2）。

2. 振实密度

按堆积密度试验步骤，将装满试样的容量筒放在振动台上，振动 3 分钟，或者将试样分三层装入容量筒。装完一层后，在筒底垫放一根直径为 25mm 的圆钢筋，将筒按住，左右交替颠击地面各 25 下；然后装入第二层，用同样的方法颠实（但筒底所垫钢筋的方向应与第一层放置方向垂直）；然后再装入第三层，同上颠实；待三层试样装填完毕后，加料填到试样超出容量筒口，用钢筋沿筒口边缘滚转，刮下高出筒口的颗粒，用合适的颗粒填平凹处，使表面稍凸起部分和凹陷部分的体积大致相等，称取试样和容量筒总质量（m_2）。

3. 捣实密度

根据沥青混合料的类型和公称最大粒径，确定起骨架作用的关键性筛孔（通常为4.75mm 或 2.36mm 等）。将矿料混合料中此筛孔以上颗粒筛出，作为试样装入符合要求规格的容器中达 1/3 的高度，由边至中用捣棒均匀捣实 25 次。再向容器中装入 1/3 高度的试样，用捣棒均匀地捣实 25 次，捣实深度约至下层的表面。然后重复上一步骤，加最后一层，捣实 25 次，使集料与容器口齐平。用合适的集料填弃表面的大空隙，用直尺大体刮平，目测估计表面凸起的部分与凹陷的部分的体积大致相等，称取容量筒与试样的总质量（m_2）。

4. 容量筒容积的标定

用水装满容量筒，测量水温，擦干筒外壁的水分，称取容量筒与水的总质量（m_w），并按水的密度对容量筒的容积作校正。

四、结果整理

1. 容量筒的容积按式（1-15）计算。

$$V = \frac{m_w - m_1}{\rho_w} \tag{1-15}$$

式中：V——容量筒的容积，L；

m_1——容量筒的质量，kg；

m_w——容量筒与水的总质量，kg；

ρ_w——试验温度为 T 时水的密度，按表 1-4 选用，g/cm^3。

2.堆积密度（包括自然堆积状态、振实状态、捣实状态下的堆积密度）按式（1-16）计算至小数点后 2 位。

$$\rho = \frac{m_2 - m_1}{V} \tag{1-16}$$

式中：ρ——相应与各种状态的堆积密度，t/m^3；

m_1——容量筒与试样的总质量，kg；

m_2——容量筒与试样的总质量，kg；

V——容量筒的容积，L。

3.水泥混凝土用粗集料振实状态下的空隙率按式（1-17）计算。

$$V_C = \left(1 - \frac{\rho}{\rho_a}\right) \times 100 \tag{1-17}$$

式中：V_C——水泥混凝土用粗集料的空隙率，%；

ρ_a——粗集料的表观密度，t/m^3；

ρ——按振实法测定的粗集料的堆积密度，t/m^3。

4.沥青混合料用粗集料骨架捣实状态的间隙率按式（1-18）计算。

$$VCA_{DRC} = \left(1 - \frac{\rho}{\rho_b}\right) \times 100 \tag{1-18}$$

式中：VCA_{DRC}——捣实状态下粗集料骨架间隙率，%；

ρ_b——按网篮法测定的粗集料的毛体积密度，t/m^3；

ρ——按振实法测定的粗集料的自然堆积密度，t/m^3。

以两次平行试验结果的平均值为测定值。

五、上交资料

每人上交一份粗集料堆积密度及空隙率试验实训报告（见第 35 页实训四）。

实训五 水泥混凝土用粗集料针片状颗粒含量试验（规准仪法）

（JTG E42 T0311—2005）

一、目的与适用范围

1.本方法适用于测定水泥混凝土使用的 4.75mm 以上粗集料的针状及片状颗粒含量，以百分率计。

2.本方法测定的针片状颗粒，是指利用专用规准仪测定的粗集料颗粒的最小厚度(或直径)方向与最大长度(或宽度)方向的尺寸之比小于一定比例的颗粒。

3.本方法测定的粗集料中针片状颗粒的含量，可用于评价集料的形状及其在工程中的适用性。

二、仪器设备

1.水泥混凝土集料针状规准仪和片状规准仪见图 1-2 和图 1-3，尺寸应符合表 1-6 的要求。

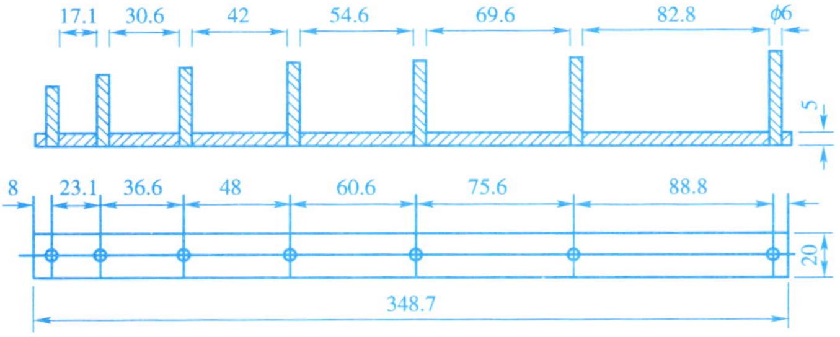

图 1-2　针状规准仪(尺寸单位:mm)

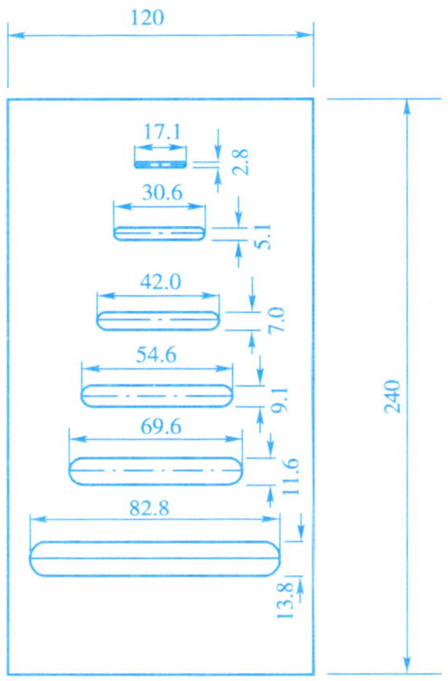

图 1-3　片状规准仪(尺寸单位:mm)

水泥混凝土集料针、片状颗粒试验的粒级划分及其相应的规准仪孔宽或间距　　表 1-6

粒级(方孔筛)(mm)	4.75～9.5	9.5～16	16～19	19～26.5	26.5～31.5	31.5～37.5
针状规准仪上相对应的立柱之间的间距宽(mm)	17.1 (B_1)	30.6 (B_2)	42.0 (B_3)	54.6 (B_4)	69.6 (B_5)	82.8 (B_6)
片状规准仪上相对应的孔宽(mm)	2.8 (A_1)	5.1 (A_2)	7.0 (A_3)	9.1 (A_4)	11.6 (A_5)	13.8 (A_6)

2.天平或台秤：感量不大于称量值的 0.1%。

3.标准筛：孔径分别为 4.75mm、9.5mm、16mm、19mm、26.5mm、31.5mm、37.5mm 的方孔筛，根据需要选用。

三、试验方法与步骤

(一)试验准备

将来样在室内风干至表面干燥，并用四分法缩分至满足表 1-3 规定的质量，称量(m_0)，然后筛分成表 1-7 所规定的粒级备用。

针、片状试验所需的试样最少质量　　表 1-7

公称最大粒径(mm)	9.5	16	19	26.5	31.5	37.5
试样最小质量(kg)	0.3	1	2	3	5	10

(二)试验步骤

1.按表 1-6 所规定的粒级用规准仪逐粒对试样进行鉴定,凡颗粒长度大于针状规准上相应间距者为针状颗粒,厚度小于片状规准仪上相应孔宽者为片状颗粒。

2.称量由各粒级挑出的针状和片状颗粒的总量(m_1)。

四、结果整理

$$Q_e = \frac{m_1}{m_0} \times 100 \tag{1-19}$$

式中:Q_e——试样的针、片状颗粒含量,%;

m_1——试样中所含针、片状颗粒的总质量,g;

m_0——试样总质量,g。

五、上交资料

每人上交一份水泥混凝土用粗集料针片状颗粒含量试验(规准仪法)实训报告(见第 37 页实训五)。

实训六　粗集料针片状颗粒含量试验(游标卡尺法)

(JTG E42 T0312—2005)

一、目的与适用范围

1.本方法适用于测定粗集料的针状及片状颗粒含量,以百分率计。

2.本方法测定的针片状颗粒,是指游标卡尺测定的粗集料颗粒的最大长度(或宽度)方向与最小厚度(或直径)方向的尺寸之比大于 3 倍的颗粒。有特殊要求采用其它比例的,应在试验报告中注明。

3.本方法测定的粗集料中针片状颗粒的含量,可用于评价集料的形状和抗压碎的能力,以评定其在工程中的适用性。

二、仪器设备

1.标准筛:方孔筛4.75mm。

2.游标卡尺:精密度为0.1mm。

3.天平:感量不大于1g。

三、试验方法与步骤

1.按现行集料随机取样的方法,采集集料试样。按四分法原理选取1kg左右的试样。对每一种规格的粗集料,应按照不同的公称粒径,分别取样检验。

2.用4.75mm标准筛将试样过筛,取筛上部分供试验用,称取试样的总质量 m_0,准确至1g,试样质量应不少于800g,并不少于100颗。

3.将试样平摊于桌面上,首先目测挑出接近立方体的符合要求的颗粒,剩下可能属于针状和片状的颗粒。

4.按图1-4所示的方法将欲测量的颗粒放在桌面上呈一稳定的状态,图中颗粒平面方向的最大长度为 l,侧面厚度的最大尺寸为 t,颗粒最大宽度为 w ($t < w < l$),用卡尺逐颗测量石料的长度 l 及 t,将 $l/t \geqslant 3$ 的颗粒(即长度方向与厚度方向的尺寸之比大3的颗粒)分别挑出作为针片状颗粒。称取针片状颗粒的质量 m_1,准确至1g。

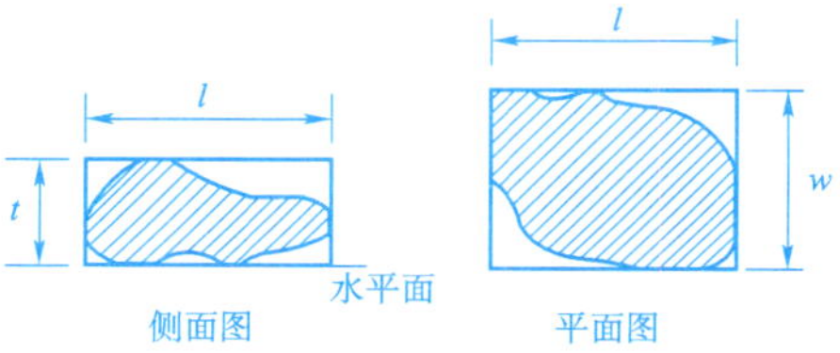

图 1-4

四、结果整理

按式(1-20)计算针片状颗粒含量。

$$Q_e = \frac{m_1}{m_0} \times 100 \tag{1-20}$$

式中:Q_e——针片状颗粒含量,%;

m_1——针片状颗粒的质量,g;

m_0——试验用的集料的总质量,g。

试验要平行测定两次,如两次结果之差小于平均值的20%,取平均值为试验值;如大于或等于20%,应追加测定一次,取三次结果的平均值为测定值。

五、上交资料

每人上交一份粗集料针片状颗粒含量试验(游标卡尺法)实训报告(见第39页实训六)。

实训七　粗集料压碎值试验

（JTG E42 T0316—2005）

一、目的与适用范围

集料压碎值用于衡量石料在逐渐增加的荷载下抵抗压碎的能力，是石料力学性质的指标，用以评定其在公路工程中的适用性。

二、仪器设备

1.石料压碎值试验仪：由钢制圆形试筒、压柱和底板组成，其形状和尺寸见图1-5。

2.金属棒：直径10mm，长450~600mm，一端加工成半球形。

3.天平：称量2~3kg，感量不大于1g。

4.方孔筛：筛孔尺寸13.2mm、9.5mm、2.36mm筛各一个。

5.压力机：500kN，应能在10min内达到400kN。

6.金属筒：圆柱形，内径112mm，高179.4mm，容积1767cm^3。

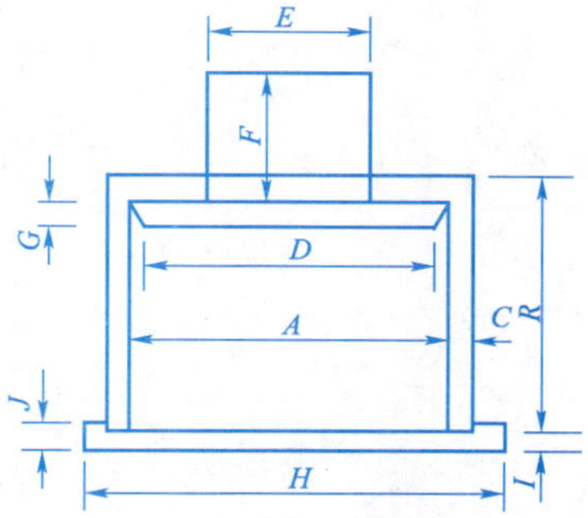

图1-5　压碎指标值测定仪

三、试验方法与步骤

（一）试验准备

1.采用风干石料，用13.2mm和9.5mm标准筛过筛，取粒径9.5~13.2mm的试样3组各3000g，供试验用。如过于潮湿需加热烘干时，烘箱温度不得超过100℃，烘干时间不超过4h，试验前石料应冷却至室温。

2.每次试验的石料数量应满足按下述方法确定的数量。夯击后石料在试筒内的深度为100mm。

在金属筒中确定石料数量的方法如下：

将试样分3次（每次数量大体相同）均匀装入试模中，每次均将试样表面整平，用金属棒的半球面端从石料表面上均匀捣实25次。最后用金属棒作为直刮刀将表面仔细整平。称取量筒中试样质量（m_0），以相同质量的试样进行压碎值的平行试验。

(二)试验步骤

1.将试筒安放在底板上。

2.将要求质量的试样分3次(每次数量大体相同)均匀放入试模中,每次均将试样表面整平,用金属棒的半球面端从石料表面上均匀捣实25次。最后用金属棒作为直刮刀将表面仔细整平。

3.将装有试样的试模放到压力机上,同时加压头放入试筒内石料面上,注意使压头摆平,勿楔挤试模侧壁。

4.开动压力机,均匀地施加荷载,在10min左右的时间内总荷载达到400kN,稳压5s,然后卸荷。

5.将试模从压力机上取下,取出试样。

6.用2.36mm标准筛筛分压碎的全部试样,可分几次筛分,均需筛到在1min内无明显的筛出物为止。

7.称取通过2.36mm筛孔的全部细料质量(m_1),准确至1g。

四、结果整理

石料压碎值按式(1-21)计算,准确至0.1%。

$$Q'_a = \frac{m_1}{m_0} \times 100 \tag{1-21}$$

式中:Q'_a——石料压碎值,%;

m_0——试验前试样质量,g;

m_1——试验后通过2.36mm筛孔的细料质量,g。

以3个试样平行试验结果的算术平均值作为压碎值的测定值。

五、上交资料

每人上交一份粗集料压碎值试验实训报告(见第41页实训七)。

实训八 粗集料磨耗试验(洛杉矶法)

(JTG E42 T0317—2000)

一、目的与适用范围

1.测定标准条件下粗集料抵抗磨擦、撞击的综合能力,以磨耗损失(%)表示。

2.本方法适用于各种等级规格石料的磨耗试验。

二、仪器设备

1.洛杉矶磨耗(搁板式)试验机:圆筒内径 710mm ± 5mm,内侧长 510mm ± 5mm,两端封闭,投料口的钢盖通过紧固螺栓和橡胶垫与钢筒紧闭密封。钢筒的回转速率为 30 ~ 33r/min。

2.钢球:直径约 4.68mm,质量为 390 ~ 445g,大小稍有不同。

3.台秤:感量 5g。

4.标准筛:符合要求的标准筛系列以及筛孔为 1.7mm 的方孔筛一个。

5.烘箱:能使温度控制在 105℃ ± 5℃范围内。

6.容器:搪瓷盘等。

三、试验方法与步骤

(一)试验准备

1.将不同规格的集料用水冲洗干净,置烘箱中烘干至恒重。

2.对所使用的集料,根据实际情况按表 1-8 选择最接近的粒级类别,确定相应的试验条件。按规定准备集料,筛分。其中水泥混凝土用集料宜采用 A 级粒度。对用于沥青路面及各种基层、底基层的粗集料,表中的 16mm 筛孔也可用 13.2mm 筛孔代替。对非规格材料,应根据材料的实际粒度,从表 1-8 中选择最接近的粒级类别及试验条件。

粗集料洛杉矶试验条件　　表 1-8

粒度类别	粒级组成(mm)	试样质量(g)	试样总质量(g)	钢球数量(个)	钢球总质量(g)	转动次数(转)	适用于粗集料	
							规格	公称粒径(mm)
A	26.5 ~ 37.5 19.0 ~ 26.5 16.0 ~ 19.0 9.5 ~ 16.0	1250 ± 25 1250 ± 25 1250 ± 10 1250 ± 10	5000 ± 10	12	5000 ± 25	500		
B	19.0 ~ 26.5 16.0 ~ 19.0	2500 ± 10 2500 ± 10	5000 ± 10	11	4850 ± 25	500	S6 S7 S8	15 ~ 30 10 ~ 30 15 ~ 25
C	4.75 ~ 9.5 9.5 ~ 16.0	2500 ± 10 2500 ± 10	5000 ± 10	8	3330 ± 20	500	S9 S10 S11 S12	10 ~ 20 10 ~ 15 5 ~ 15 5 ~ 10
D	2.36 ~ 4.75	5000 ± 10	5000 ± 10	6	2500 ± 15	500	S13 S14	3 ~ 10 3 ~ 5
E	63 ~ 75 53 ~ 63 37.5 ~ 53	2500 ± 50 2500 ± 50 5000 ± 50	10000 ± 100	12	5000 ± 25	1000	S1 S2	40 ~ 75 40 ~ 60
F	37.5 ~ 53 26.5 ~ 37.5	5000 ± 50 5000 ± 25	10000 ± 75	12	5000 ± 25	1000	S3 S4	30 ~ 60 25 ~ 50
G	26.5 ~ 37.5 19 ~ 26.5	5000 ± 25 5000 ± 25	10000 ± 50	12	5000 ± 25	1000	S5	20 ~ 40

（二）试验步骤

1.分级称量（准确至5g），称取总质量（m_1），装入磨耗机之圆筒中。

2.选择钢球，使钢球的数量及总质量符合表1-8规定。将钢球加入钢筒中，盖好筒盖，紧固密封。

3.将计数器调整到零位，设定要求的回转次数，对水泥混凝土集料，回转次数为500转，对沥青混合料集料，回转次数应符合表1-8的要求。开动磨耗机，以30～33r/min的转速转动至要求的回转次数为止。

4.取出钢球，将经过磨耗后的试样从投料口倒入接受容器（搪瓷盘）中。

5.将试样用1.7mm的方孔筛过筛，筛去试样中被撞击磨碎的细屑。

6.用水冲净留在筛上的碎石，置105℃±5℃烘箱中烘干至恒重（通常不少于4h），准确称量（m_2）。

四、结果整理

1.按式（1-22）计算粗集料洛杉矶磨耗损失，准确至0.1%。

$$Q=\frac{m_1-m_2}{m_1}\times 100 \tag{1-22}$$

式中：m_1——装入圆筒中试样质量，g；

m_2——试验后在1.7mm筛上的洗净烘干的试样质量，g。

2.试验报告应记录所使用的粒级类别和试验条件。粗集料的磨耗损失取两次平行试验结果的算术平均值为测定值，两次试验的差值应不大于2%，否则需重做试验。

五、上交资料

每人上交一份粗集料磨耗试验（洛杉矶法）实训报告（见第43页实训八）。

实训九　细集料筛分试验

（JTG E42 T0327—2005）

一、目的与适用范围

测定细集料（天然砂、人工砂、石屑）的颗粒级配及粗细程度。对水泥混凝土用细集料可采用干筛法，如果需要也可采用水洗法筛分。对沥青混合料及基层用细集料必须用水洗法筛分。

注：当细集料中含有粗集料时，可参照此方法用水洗法筛分，但需特别注意保护标准筛筛面不遭损坏。

二、仪器设备

1.标准筛。

2.天平:称量1000g,感量不大于0.5g。

3.摇筛机。

4.烘箱:能控温在105℃±5℃。

5.其它:浅盘和硬、软毛刷等。

三、试验方法与步骤

(一)试验准备

根据样品中最大粒径的大小,选用适宜的标准筛,筛除超粒径材料,通常为9.5mm筛(水泥混凝土用天然砂)或4.75mm筛(沥青路面及基层用的天然砂、石屑、机制砂等)。然后在潮湿状态下充分拌匀,用分料器法或四分法缩分至每份不少于550g的试样两份,在105℃±5℃的烘箱中烘干至恒重,冷却至室温后备用。

注:恒重系指相邻两次称量间隔时间大于3h(通常不少于6h)的情况下,前后两次称量之差小于该项试验所要求的称量精密度。

(二)试验步骤

1.干筛法

(1)准确称取烘干试样约500g(m_1),准确至0.5g。置于套筛的最上面一只筛,即4.75mm筛上,将套筛装入摇筛机,摇筛约10min,然后取出套筛,再按筛孔大小顺序,从最大的筛号开始,在清洁的浅盘上逐个进行手筛,直到每分钟的筛出量不超过筛上剩余量的0.1%时为止,将筛出的颗粒并入下一号筛,和下一号筛中的试样一起过筛,按此顺序进行至各号筛全部筛完为止。

注:①试样如为特细砂时,试样质量可减少到100g;
②如试样含泥量超过5%,不宜采用干筛法;
③无摇筛机时,可直接用手筛。

(2)称量各筛筛余试样的质量,精确至0.5g。所有各筛的分计筛余量和底盘中剩余量的总量与筛分前的试样总量相比,相差不得超过1%。

2.水洗法

(1)准确称取烘干试样约500g(m_1),准确至0.5g。

(2)将试样置一洁净容器中,加入足够数量的洁净水,将集料全部盖没。

(3)用搅棒充分搅动集料,使集料表面洗涤干净,使细粉悬浮在水中,但不得有集料从水中溅出。

(4)用1.18mm筛及0.075mm筛组成套筛。仔细将容器中混有细粉的悬浮液徐徐倒出,经过套筛流入另一容器,但不得将集料倒出。

注:不可直接倒至0.075mm筛上,以免集料掉出损坏筛面。

(5)重复步骤(2)~(4),直至倒出的水洁净且已经将小于0.075mm的颗粒全部倒出。

(6)将容器中的集料倒入搪瓷盘中，用少量水冲洗，使容器上沾附的集料颗粒全部进入搪瓷盘中。将筛子反扣过来，用少量的水将筛上的集料冲洗入搪瓷盘中。操作过程中不得有集料散失。

(7)将搪瓷盘连同集料一起置于105℃ ± 5℃的烘箱中烘干至恒重，称取干燥集料试样的总质量(m_2)，准确至0.1%。m_1 与 m_2 之差即为通过0.075mm筛的部分。

(8)用全部要求筛孔组成套筛(但不需0.075mm筛)，将已经洗去小于0.075mm筛底部分的干燥集料置于套筛上(通常为4.75mm筛)，将套筛装入摇筛机，摇筛约10min，然后取出套筛，再按筛孔大小顺序，从最大的筛号开始，在清洁的浅盘上逐个进行手筛，直至每分钟的筛出量不超过筛上剩余量的1%时为止，将筛出通过的颗粒并入下一号筛，和下一号筛中的试样一起过筛，顺序进行，直至各号筛全部筛完为止。

(9)称量各筛筛余试样的质量，精确至0.5g。所有各筛的分计筛余量和底盘中剩余量的总质量与筛分前后试样总量 m_2 相比，其相差不得超过1%。

四、结果整理

1.计算分计筛余百分率

各号筛的分计筛余百分率为各号筛上的筛余量除以试样总量(m_1)的百分率，准确至0.1%。对沥青路面细集料而言，0.15mm筛下部分即为0.075mm的分计筛余，由步骤(7)测得的 m_1 与 m_2 之差即为小于0.075mm的筛底部分。

2.计算累计筛余百分率

各号筛的累计筛余百分率为该号筛及大于该号筛的各号筛的分计筛余百分率之和，准确至0.1%。

3.计算通过百分率

各号筛的通过百分率等于100减去该号筛的累计筛余百分率，准确至0.1%。

4.根据各筛的累计筛余百分率或通过百分率，绘制级配曲线。

5.天然砂的细度模数按式(1-23)计算，准确至0.01。

$$M_X = \frac{(A_{0.15} + A_{0.3} + A_{0.6} + A_{1.18} + A_{2.36}) - 5A_{4.75}}{100 - A_{4.75}} \tag{1-23}$$

式中：M_X——砂的细度模数；

$A_{0.15}$、$A_{0.3}$、…、$A_{4.75}$——分别为0.15mm、0.3mm、…、4.75mm各筛上的累计筛余百分率，%。

6.应进行两次平行试验，以试验结果的算术平均值作为测定值。如两次试验所得的细度模数之差大于0.2，应重新进行试验。

五、上交资料

每人上交一份细集料筛分试验实训报告(见第45页实训九)。

实训十　细集料表观密度试验(容量瓶法)

(JTG E42 T0328—2005)

一、目的与适用范围

用容量瓶法测定细集料(天然砂、石屑、机制砂)在23℃时对水的表观相对密度和表观密度。本方法适用于含有少量大于2.36mm的细集料。

二、仪器设备

1.天平:称量1kg,感量不大于1g。

2.容量瓶:500mL。

3.烘箱:能控温在105℃±5℃。

4.烧杯:500mL。

5.其它:干燥器、浅盘、铝制料勺、温度计、洁净水等。

三、试验方法与步骤

(一)试验准备

将缩分至650g左右的试样在温度为105℃±5℃的烘箱中烘干至恒重,并在干燥器内冷却至室温,分成两份备用。

(二)试验步骤

1.称取烘干的试样约300g(m_0),装入盛有半瓶洁净水的容量瓶中。

2.摇转容量瓶,使试样在已保温至23℃±1.7℃的水中充分搅动以排除气泡,塞紧瓶塞,在恒温条件下静置24h左右,然后用滴管添水,使水面与瓶颈刻度线平齐,再塞紧瓶塞,擦干瓶外水分,称其总质量(m_2)。

3.倒出瓶中的水和试样,将瓶的内外表面洗净,再向瓶内注入同样温度的洁净水(温差不超过2℃)至瓶颈刻度线,塞紧瓶塞,擦干瓶外水分,称其总质量(m_1)。

注:在砂的表观密度试验过程中应测量并控制水的温度,试验期间的温差不得超过1℃。

四、结果整理

1.细集料的表观相对密度按式(1-24)计算,准确至小数点后3位。

$$\gamma_a = \frac{m_0}{m_0 + m_1 - m_2} \tag{1-24}$$

式中：γ_a——细集料的表观相对密度，无量纲；

m_0——试样的烘干质量，g；

m_1——水及容量瓶总质量，g；

m_2——试样、水及容量瓶总质量，g。

2. 表观密度 ρ_a 按式(1-25)计算，准确至小数点后3位。

$$\rho_a = \gamma_a \times \rho_T$$

或

$$\rho_a = (\gamma_a - \alpha_T) \times \rho_w \tag{1-25}$$

式中：ρ_a——细集料的表观密度，g/cm^3；

ρ_w——水在4℃时的密度，$1000kg/m^3$；

α_T——试验时的水温对水的密度影响修正系数，按表1-4取用；

ρ_T——试验温度为 T 时水的密度，按表1-4取用，g/cm^3。

以两次平行试验结果的算术平均值作为测定值，如两次结果之差值大于 $0.01\ g/cm^3$ 时，应重新取样进行试验。

五、上交资料

每人上交一份细集料表观密度试验(容量瓶法)实训报告(见第47页实训十)。

实训十一　细集料堆积密度及紧装密度试验

(JTG E42 T0331—1994)

一、目的与适用范围

测定砂自然状态下的堆积密度、紧装密度及空隙率。

二、仪器设备

1. 台秤：称量5kg，感量5g。
2. 容量筒：金属制、圆筒形、内径108mm、净高109mm、筒壁厚5mm、容积为1L。
3. 标准漏斗(见图1-6)。
4. 烘箱：能使温度控制在105℃±5℃。
5. 小勺、直尺、浅盘等。

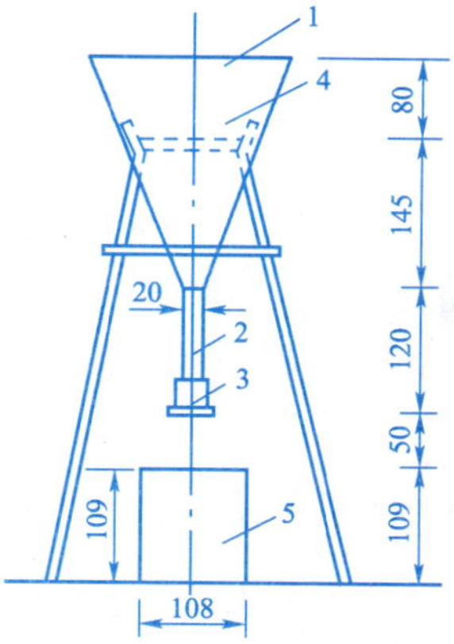

图 1-6　标准漏斗(尺寸单位:mm)

1-漏斗;2-ϕ20mm 管子;3-活动门;4-筛;5-金属量筒

三、试验方法与步骤

(一)试验准备

1.用浅盘装来样约 5kg,在温度为 105℃ ± 5℃的烘箱中烘干至恒量,取出并冷却至室温,分成大致相等的两份备用。

2.容量筒容积的校正方法:以温度为 20℃ ± 5℃的洁净水装满容量筒,用玻璃板沿筒口滑移,使其紧贴水面并擦干筒外壁水分,然后称量,用下式计算筒的容积 V:

$$V = m'_2 - m'_1 \tag{1-26}$$

式中:m'_1——容量筒和玻璃板总质量,g;

m'_2——容量筒、玻璃板和水总质量,g。

注:试样烘干后如有结块,应在试验前予以捏碎。

(二)试验步骤

1.堆积密度:取试样 2 份,用漏斗或铝制料勺将它徐徐装入容量筒(漏斗出料口或料勺距容量口不应超过 50mm),直至试样装满并超出容量筒筒口,然后用直尺将多余的试样沿筒口中心线向两个相反方向刮平,称取质量(m_1)。

2.紧装密度:取试样 1 份,分两层装入容量筒,装完一层后,在筒底垫放一根直径为 10mm 的钢筋,将筒按住,左右交替颠击地面各 25 下,然后再装入第二层,第二层装满后用同样方法颠实(但筒底垫钢筋的方向应与第一层放置方向垂直),两层装完并颠实后,加料直至试样超出容量筒筒口,然后用直尺将多余的试样沿筒口中心线向两个相反方向刮平,称其质量(m_2)。

四、结果整理

1.堆积密度 ρ 及紧装密度 ρ' 分别按下式计算,精确至 0.01g/cm^3。

$$\rho = \frac{m_1 - m_0}{V} \tag{1-27}$$

$$\rho' = \frac{m_2 - m_0}{V} \tag{1-28}$$

式中：m_0——容量筒的质量，g；

m_1——容量筒和堆积密度砂总质量，g；

m_2——容量筒和紧装密度砂总质量，g；

V——容量筒容积，mL。

以两次试验结果的算术平均值作为测定值。

2.空隙率

$$n = \left(1 - \frac{\rho}{\rho_a}\right) \times 100 \tag{1-29}$$

式中：n——砂的空隙率，%；

ρ——砂的堆积或紧装密度，g/cm^3；

ρ_a——砂的表观密度，g/cm^3。

以两次试验结果的算术平均值作为测定值。

五、上交资料

每人上交一份细集料堆积密度及紧装密度试验实训报告（见第 49 页实训十一）。

实 训 报 告

实训一

日期：　　　　班级：　　　　组别：　　　　姓名：　　　　学号：

实训题目	岩石单轴抗压强度试验	成绩	
实训目的			
主要仪器			

试样编号	试件有无缺角	试件尺寸(mm)					试件截面积 A(mm^2)		破坏荷载 P (kN)	抗压强度 R (MPa)		备注
		立方体			圆柱体		立方体	圆柱体				
		长	宽	高	直径	高	长 × 宽	$\frac{\pi d^2}{4}$		$R = \frac{P}{A} \times 10^3$	平均值	
1												
2												
3												
4												
5												
6												

实训总结

上交实训报告，请学生沿此线撕下

实训报告

实训二(1)

日期：　　　　班级：　　　　组别：　　　　姓名：　　　　学号：

实训题目	**粗集料筛分试验**(干筛法)	成绩	
实训目的			
主要仪器			

干筛试样总量 m_0(g)	第1组				第2组				平均
筛孔尺寸(mm)	筛上重 m_i (g)	分计筛余(%)	累计筛余(%)	通过百分率(%)	筛上重 m_i (g)	分计筛余(%)	累计筛余(%)	通过百分率(%)	通过百分率(%)
	(1)	(2)	(3)	(4)	(1)	(2)	(3)	(4)	(5)
筛底 $m_{底}$ (g)									
筛分后总量 $\sum m_i$ (g)									
损耗 m_5 (g)									
损耗率(%)									

实训总结

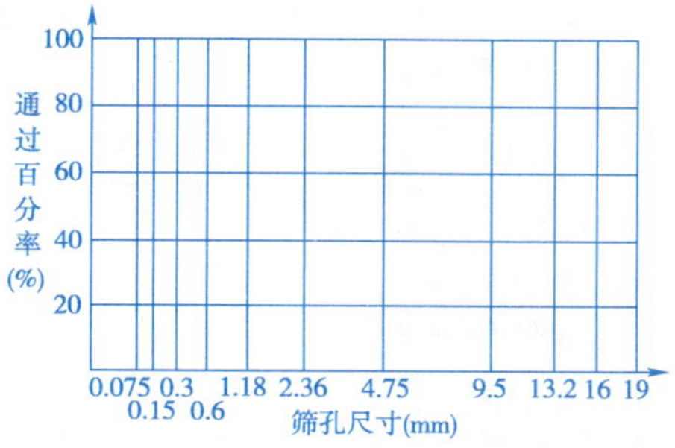

上交实训报告，请学生沿此线撕下

实训报告

实训二(2)

日期： 班级： 组别： 姓名： 学号：

实训题目	粗集料筛分试验(水筛法)							成绩	
实训目的									
主要仪器									
	第1组				第2组				平均
干筛试样总量 m_3(g)									
水洗后筛上总量 m_4(g)									
水洗后0.075mm筛下量 $m_{0.075}$(g)									
0.075mm通过率 $P_{0.075}$(%)									
筛孔尺寸(mm)	筛上重 m_i(g)	分计筛余(%)	累计筛余(%)	通过百分率(%)	筛上重 m_i(g)	分计筛余(%)	累计筛余(%)	通过百分率(%)	通过百分率(%)
	(1)	(2)	(3)	(4)	(1)	(2)	(3)	(4)	(5)
水洗后干筛法筛分									
筛底 $m_{底}$(g)									
干筛后总量 $\sum m_i$(g)									
损耗 m_5(g)									
损耗率(%)									
扣除损耗后总量(g)									

实训总结

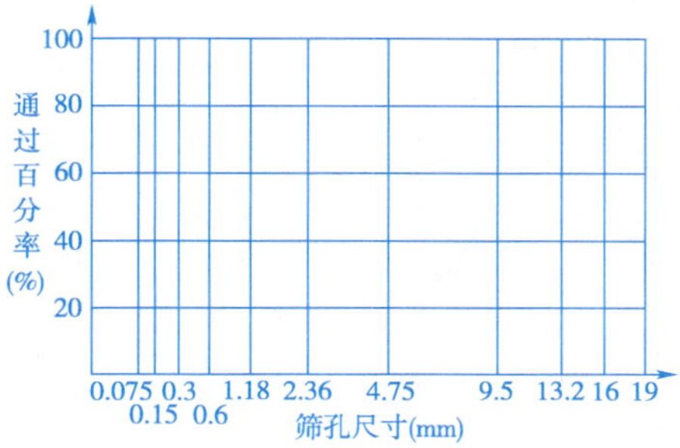

上交实训报告，请学生沿此线撕下

实训报告

实训三

日期：　　班级：　　组别：　　姓名：　　学号：

实训题目	粗集料密度及吸水率试验(网篮法)		成绩	
实训目的				
主要仪器				
试验次数	集料干燥质量 m_a (g)	集料在水中的质量 m_w (g)	集料的表干质量 m_f (g)	修正系数 α_T
	(1)	(2)	(3)	(4)
1				
2				
集料的表观相对密度(g/cm^3)		集料的表观密度(g/cm^3)		
集料的表干相对密度(g/cm^3)		集料的表干密度(g/cm^3)		
集料的毛体积相对密度(g/cm^3)		集料的毛体积密度(g/cm^3)		
集料的吸水率(%)				
实训总结				

上交实训报告，请学生沿此线撕下

实 训 报 告

实训四

日期：　　　　班级：　　　　组别：　　　　姓名：　　　　学号：

<table>
<tr><td colspan="2">实训题目</td><td colspan="4">粗集料堆积密度及空隙率试验</td><td>成绩</td><td></td></tr>
<tr><td colspan="2">实训目的</td><td colspan="6"></td></tr>
<tr><td colspan="2">主要仪器</td><td colspan="6"></td></tr>
<tr><td rowspan="3">堆积密度</td><td>试验次数</td><td>容量筒容积 V(L)</td><td>容量筒质量 m_1(kg)</td><td>试样与筒合重 m_2(kg)</td><td>试样质量 m_0(kg)</td><td colspan="2">堆积密度 ρ(kg/m^3)</td></tr>
<tr><td>1</td><td></td><td></td><td></td><td></td><td colspan="2" rowspan="2"></td></tr>
<tr><td>2</td><td></td><td></td><td></td><td></td></tr>
<tr><td rowspan="2">振实密度</td><td>1</td><td></td><td></td><td></td><td></td><td colspan="2" rowspan="2"></td></tr>
<tr><td>2</td><td></td><td></td><td></td><td></td></tr>
<tr><td rowspan="2">捣实密度</td><td>1</td><td></td><td></td><td></td><td></td><td colspan="2" rowspan="2"></td></tr>
<tr><td>2</td><td></td><td></td><td></td><td></td></tr>
<tr><td colspan="2">空隙率(%)</td><td colspan="6"></td></tr>
<tr><td colspan="8">实训总结</td></tr>
</table>

上交实训报告，请学生沿此线撕下

实训报告

实训五

日期：　　　班级：　　　组别：　　　姓名：　　　学号：

实训题目	水泥混凝土用粗集料针片状颗粒含量试验（规准仪法）	成绩	
实训目的			
主要仪器			

试验次数	风干试样总质量（g）	各级针片状颗粒质量（g）		针片状颗粒总质量（g）	针片状颗粒含量（%）$Q_e = \frac{m_1}{m_0} \times 100$	
		m_2				
	m_0	针状	片状	$m_1 = \sum m_2$	单值	平均值
1						
2						

实训总结

上交实训报告，请学生沿此线撕下

实训报告

实训六

日期： 班级： 组别： 姓名： 学号：

实训题目	粗集料针片状颗粒含量试验（游标卡尺法）				成绩	
实训目的						
主要仪器						
试验次数	风干试样总质量(g)	各级针片状颗粒质量(g) m_2		针片状颗粒总质量(g)	针片状颗粒含量(%) $Q_e=\frac{m_1}{m_0}\times 100$	
	m_0	针状	片状	$m_1=\sum m_2$	单值	平均值
1						
2						

实训总结

上交实训报告，请学生沿此线撕下

上交实训报告，请学生沿此线撕下

实训报告

实训七

日期：　　班级：　　组别：　　姓名：　　学号：

实训题目	粗集料压碎值试验	成绩	
实训目的			
主要仪器			

试验次数	试样总质量 m_0 (g)	试验后通过2.36mm筛孔的细料质量 m_1(g)	压碎值(%)	
	(1)	(2)	$(3)=\frac{(2)}{(1)}\times 100$	平均值
1				
2				
3				

实训总结

实训报告

实训八

日期：　　　　班级：　　　　组别：　　　　姓名：　　　　学号：

实训题目	粗集料磨耗试验(洛杉矶法)		成绩	
实训目的				
主要仪器				
试验次数	试验前试样质量 m_1(g)	试验后过筛烘干筛余质量 m_2(g)	磨耗率 $Q=\frac{m_1-m_2}{m_1}\times 100$	
			单值(%)	平均(%)
1				
2				

实训总结

上交实训报告，请学生沿此线撕下

实 训 报 告

日期：　　　　　班级：　　　　　组别：　　　　　姓名：　　　　　学号：

实训题目	细集料筛分试验	成绩	
实训目的			
主要仪器			

干筛试样总量 m_1(g)	第1组				第2组				平均
筛孔尺寸(mm)	筛上重 m_i (g)	分计筛余(%)	累计筛余(%)	通过百分率(%)	筛上重 m_i (g)	分计筛余(%)	累计筛余(%)	通过百分率(%)	通过百分率(%)
	(1)	(2)	(3)	(4)	(1)	(2)	(3)	(4)	(5)

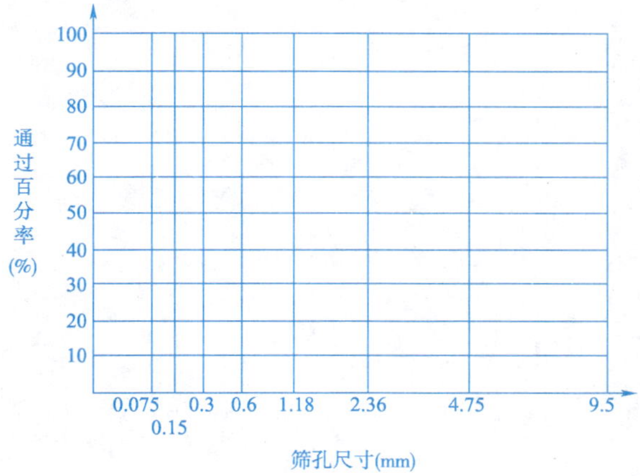

实训总结

上交实训报告，请学生沿此线撕下

实 训 报 告

实训十

日期：　　班级：　　组别：　　姓名：　　学号：

实训题目	细集料表观密度试验（容量瓶法）					成绩	
实训目的							
主要仪器							
试验次数	干燥集料质量 m_0 (g)	试样、水与容量瓶合重 m_2(g)	水与容量瓶合重 m_1(g)	细集料表观相对密度 γ_a	水的密度 ρ_T	细集料表观密度 (ρ_a) (g/cm³)	
	(1)	(2)	(3)	$(4)=\frac{(1)}{(1)+(3)-(2)}$	(5)	(6)	平均值
1							
2							

实训总结

上交实训报告，请学生沿此线撕下

实训报告

实训十一

日期：　　　班级：　　　组别：　　　姓名：　　　学号：

实训题目	细集料堆积密度及紧装密度试验	成绩	
实训目的			
主要仪器			

试验次数		容量筒体积 V(mL)	容量筒质量 m_0(g)	试样 + 容量筒质量(m_1)(或 m_2)(g)	试样质量 m(g)	堆积密度或紧装密度 ρ 或 ρ' (g/cm^3)	平均值 (g/cm^3)
		(1)	(2)	(3)	(4) = (3) − (2)	(5) = (4)(1)	(6)
堆积密度	1						
	2						
紧装密度	1						
	2						

实训总结

上交实训报告，请学生沿此线撕下

第二章　无机结合料及无机结合料稳定材料试验实训指导

实训一　有效氧化钙和氧化镁的测定

（Ⅰ）有效氧化钙的测定
（JTJ 057 T08011—94）

一、目的与适用范围

石灰的质量主要取决于有效氧化钙和氧化镁的含量，它们的含量愈高，则石灰粘结力愈好。本方法适用于测定各种石灰的有效氧化钙含量。

二、仪器设备

1.筛子：筛孔 2mm 和 0.15mm 各 1 个。
2.烘箱：50～250℃，1 台。
3.干燥器：ϕ25cm，1 个。
4.称量瓶：ϕ30mm×50mm，10 个。
5.瓷研钵：ϕ12～13mm，1 个。
6.分析天平：万分之一，1 台。
7.架盘天平：感量 0.1g，1 台。
8.玻璃珠：ϕ3mm，1 袋（0.25kg）。
9.三角瓶：250mL，1 个。
10.量筒：50mL，1 个。
11.酸滴定管：50mL，2 支。
12.滴定架。
13.蔗糖（分析纯）。
14.酚酞指示剂：称取 0.5g 酚酞溶于 50mL95％乙醇中。
15.0.5N 盐酸标准溶液：将 42mL 浓盐酸（相对密度 1.19）稀释至 1L，经标定后备用。

三、试验方法与步骤

1.试验准备

(1)生石灰试样:将生石灰样品打碎,使颗粒不大于2mm。拌和均匀后用四分法缩减至200g左右,放入瓷研钵中研细。再经四分法缩减几次至剩下20g左右。研磨所得石灰样品,使通过0.10mm筛。从此试样中均匀挑取10余克,置于称量瓶中,在100℃的温度下烘干1h,贮于干燥器中供试验用。

(2)消石灰试样:将消石灰样品用四分法缩减至10余克左右。如有大颗粒存在,需在瓷研钵中磨细至无不均匀颗粒存在为止。置于称量瓶中,在105~110℃的温度下烘干1h,贮于干燥器中,供试验用。

2.试验步骤

(1)用称量瓶按减量法称取试样约0.5g(准确至0.0005g),置于干燥的250mL具塞三角瓶中,取5g蔗糖覆盖在试样表面,投入干玻璃珠15个。迅速加入新煮沸并已冷却的蒸馏水50mL,立即加塞振荡15min(如有试样结块或粘于瓶壁现象,则应重新取样)。

(2)打开瓶塞,加入2~3滴酚酞指标剂,溶液即呈现粉红色,然后置于滴定架上,用0.5N盐酸标准溶液滴定。

(3)滴定时应先读出滴定管初读数,然后以2~3滴/s的速度滴定,至溶液的粉红色显着消失并在30s内不再复现。

(4)读出中和后盐酸消耗的滴定管读数,减去初读数,即为实际消耗的盐酸数量(mL)。

四、结果整理

有效氧化钙的百分含量(X_1)按下式计算:

$$X_1 = \frac{V \times N \times 0.028}{G} \times 100\% \tag{2-1}$$

式中:V——滴定时消耗盐酸标准溶液的体积,mL;

N——盐酸标准溶液当量浓度;

0.028——氧化钙毫克当量;

G——试样质量,g。

对于一石灰样品应取两个试样分别进行测定,并取两次结果的平均值作为最终结果。

五、上交资料

每人上交一份有效氧化钙的测定实训报告[见第81页实训一(I)]。

(II)氧化镁的测定

(JTJ 057 T08012—94)

一、目的与适用范围

石灰中有效氧化钙和氧化镁含量愈高,石灰粘结力愈好。按氧化镁含量可将石灰划分为钙质石灰或镁质石灰。本方法适用于测定各种石灰的总氧化镁含量。

二、仪器设备

1.电炉:1500W,1个。

2.石棉网:20cm×20cm。

3.三角瓶:300mL、250mL,各2个。

4.容量瓶:250mL、1000mL,各1个。

5.量筒:200mL、100mL、5mL,各1个。

6.试剂瓶:250mL、1000mL,若干个。

7.烧杯:250mL,10个。

8.棕色广口瓶:60mL,若干个。

9.大肚移液管:25mL、50mL,各1支。

10.表面皿:直径7cm,10块。

11.洗耳球:大、小各1个。

12.玻璃棒、吸水管数支;试剂勺若干个。

13.其余同有效氧化钙的测定所用仪器。

三、试验方法与步骤

1.试验准备

(1)试剂

①1:10盐酸:将1体积盐酸(相对密度1.19)用10体积蒸馏水稀释。

②氢氧化铵—氯化铵缓冲溶液(pH=10):将67.5g氯化铵溶于300mL无二氧化碳蒸馏水中,加入氢氧化铵(相对密度为0.90)570mL,然后用水稀释至1000mL。

③酸性铬蓝K—萘酚绿B(1:2.5)混合指示剂:称取0.3g酸性铬蓝K和0.75g萘酚绿B与50g已在105℃烘干的硝酸钾混合研细,保存于棕色广口瓶中。

④EDTA二钠标准溶液:将10gEDTA二钠溶于温热蒸馏水中,待全部溶解并冷却至室温后,用水稀释至1000mL。

⑤氧化钙标准溶液:精确称取1.7848g在105℃下烘干(2h)的碳酸钙(优质纯),置于250mL烧杯中,盖上表面皿,从杯嘴缓慢滴入1:10盐酸100mL,加热溶解,待溶液冷却后,移入1000mL的容量瓶中,用新煮沸冷却后的蒸馏水稀释至刻度摇匀。此溶液每毫升相当于1毫克氧化钙。

⑥20%氢氧化钠溶液:将20g氢氧化钠溶于80mL蒸馏水中。

⑦钙指示剂:将0.2g钙试剂羟酸钠和20g已在105℃温度下烘干的硫酸钾混合研细,保存于棕色广口瓶中。

⑧10%酒石酸钾钠溶液:将10g酒石酸钾钠溶于90mL蒸馏水中。

⑨三乙醇胺(1:2)溶液:将1体积三乙醇胺用2体积蒸馏水稀释摇匀。

(2)EDTA标准溶液与氧化钙和氧化镁关系的标定

①精确吸取50mL氧化钙标准溶液放入300mL三角瓶中,用水稀释至100mL左右,然后

加入钙指示剂约0.1g,以20%氢氧化钠溶液调整溶液碱度至出现酒红色,再过量加3~4mL。

②以EDTA二钠标准液滴定,直至溶液由酒红色变为纯蓝色为止。记录EDTA二钠耗量。

EDTA二钠标准溶液对氧化钙的滴定度(T_{CaO}),即1mL EDTA二钠标准溶液相当于氧化钙的毫克数按下式计算:

$$T_{CaO} = C \cdot V_1 / V_2 \tag{2-2}$$

式中:C——1mL氧化钙标准溶液中含有氧化钙的毫克数,等于1;

V_1——吸取氧化钙标准溶液体积,mL;

V_2——消耗的EDTA标准溶液体积,mL。

EDTA二钠标准溶液以氧化镁的滴定度(T_{MgO})即,1mL EDTA二钠标准溶液相当于氧化镁的毫克数按下式计算:

$$T_{MgO} = T_{CaO} \times \frac{40.31}{56.08} = 0.72 T_{CaO} \tag{2-3}$$

2.试验步骤

(1)采用与有效氧化钙测定相同的方法,用称量瓶称取约0.5g(准确至0.0005g)试样,放入250mL烧杯中,用蒸馏水湿润,加30mL 1:10盐酸,用表面皿盖住烧杯,用电炉加热近沸并保持微沸8~10min。用吸管吸取蒸馏水洗净表面皿,洗液倒入烧杯中。冷却后把烧杯内的沉淀及溶液移入250mL容量瓶中,加水至刻度,仔细摇匀静置。

(2)待溶液沉淀后,用移液管吸取25mL溶液,放入250mL三角瓶中,加50mL蒸馏水稀释。然后按顺序加酒石酸钾钠溶液1mL、三乙醇胺溶液5mL,再加入铵—铵缓冲溶液10mL、酸性铬蓝K—萘酚绿B指示剂约0.1g,此时溶液呈酒红色。

(3)用EDTA二钠标准溶液滴定至溶液由酒红色变为纯蓝色时即为滴定终点,记录EDTA标准溶液的耗用体积V_1。

(4)再从前述同一容量瓶中,用移液管吸取25mL溶液,置于300mL三角瓶中,加150mL蒸馏水稀释。然后依次加入三乙醇胺溶液5mL、20%氢氧化钠溶液5mL,放入约0.1g钙指示剂。此时溶液呈酒红色。

(5)用EDTA二钠标准溶液滴定,直至溶液由酒红色变为纯蓝色即为滴定终点,记录耗用EDTA二钠标准溶液体积V_2。

四、结果整理

氧化镁的百分含量按下式计算:

$$X_{MgO} = \frac{T_{MgO}(V_1 - V_2) \times 10}{G \times 1000} \times 100 \tag{2-4}$$

式中:T_{MgO}——EDTA二钠标准溶液对氧化镁的滴定度;

V_1——滴定钙、镁含量消耗的EDTA二钠标准溶液体积,mL;

V_2——滴定钙消耗的EDTA二钠标准溶液体积,mL;

10——总溶液对分取溶液的体积倍数;

G——试样质量,g。

对同一石灰样品应做两个试样分别进行测定,取两次测定结果的平均值作为最终结果。

五、上交资料

每人上交一份氧化镁的测定实训报告[见第 83 页实训一(II)]。

实训二　水泥细度检验方法(80μm 筛筛析法)

(JTG E30 T0502—2005)

一、目的与适用范围

本方法规定了用 80μm 筛检验水泥细度的测试方法。适用于硅酸盐水泥、普通水泥、矿渣水泥、火山灰水泥、粉煤灰水泥以及指定采用本标准的其他品种水泥。

二、仪器设备

1. 水筛

水筛由圆形筛框和筛网组成,结构尺寸见图 2-1。

2. 负压筛

(1)负压筛由圆形框和筛网组成,筛网为金属丝编织方孔筛,方孔边长 0.08mm。见图 2-2。负压筛应附有透明筛盖,筛盖与筛上口应有良好的密封性。

(2)筛网应紧绷在筛框上,筛网和筛框接触处应用防水胶密封,防止水泥嵌入。

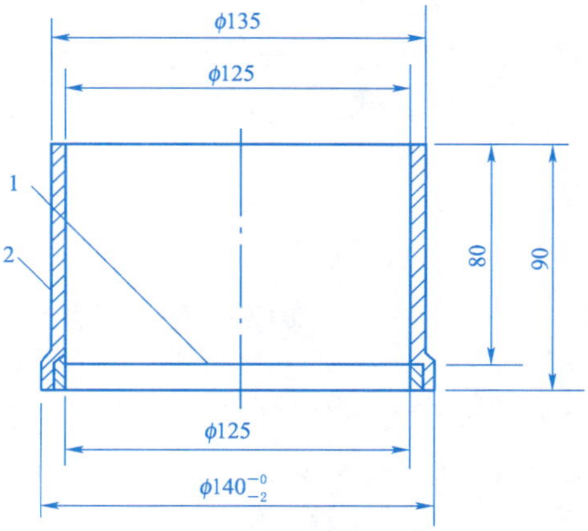

图 2-1　水筛(尺寸单位:mm)

1-筛网;2-筛框

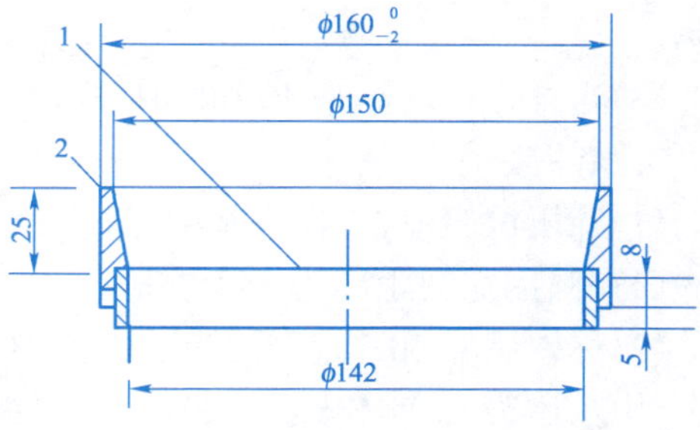

图 2-2　负压筛(尺寸单位:mm)

1-筛网;2-筛框

3. 负压筛析仪

负压筛析仪由筛座、负压筛、负压源及收尘器组成,其中筛座由转速为 30r/min ± 2r/min

的喷气嘴、负压表、控制板、微电机及壳体等部分构成，见图2-3和图2-4。

4.水筛架：用于支撑筛子，并带动筛子转动，转速约50r/min。

5.喷头：直径55mm，面上均匀分布90个孔，孔径为0.5~0.7mm。安装高度以离筛布50mm为宜。

6.天平：最大称量为100g，分度值不大于0.05g。

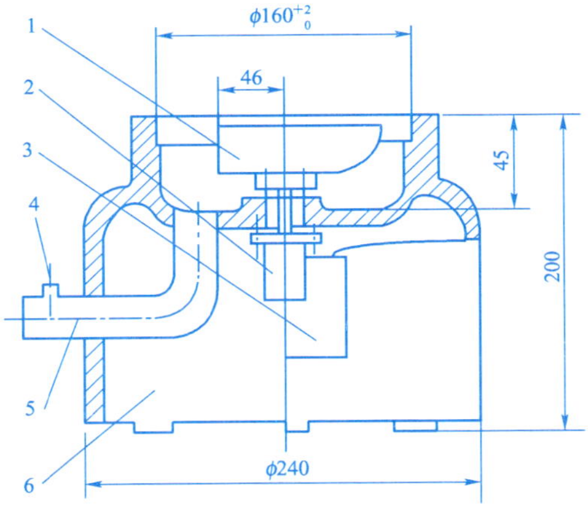

图2-3　筛座(尺寸单位:mm)

1-喷气嘴;2-微电机;3-控制板开口;4-负压表接口;
5-负压源及吸尘器接口;6-壳体

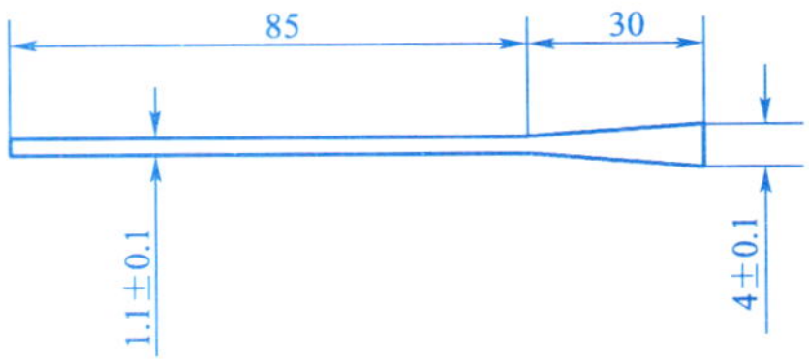

图2-4　喷气嘴上开口(尺寸单位:mm)

三、试验方法与步骤

1.负压筛法

(1)筛析试验前，应把负压筛放在筛座上，盖上筛盖，接通电源，检查控制系统，调节负压至4000~6000Pa范围内。

(2)称取试样25g，置于洁净的负压筛中，盖上筛盖，放在筛座上，开动筛析仪连续筛析2min，在此期间如有试样附着在筛盖上，可轻轻地敲击，使试样落下。筛毕，用天平称取筛余物。

(3)当工作负压小于4000Pa时，应清理吸尘器内水泥，使负压恢复正常。

2.水筛法

(1)筛析试验前，应检查水中无泥、砂，调整好水压及水筛架的位置，使其能正常运转，喷头底面和筛网之间距离为35~75mm。

(2)称取试样50g，置于洁净的水筛中，立即用淡水冲洗至大部分细粉通过后，放在水筛架上，用水压为0.05MPa±0.02MPa的喷头连续冲洗3min。筛毕，用少量水把筛余物冲至蒸发皿中，待水泥颗粒全部沉淀后，小心倒出清水，烘干并用天平称量筛余物。

3.干筛法

在没有负压筛析仪和水筛的情况下，允许用手工干筛法。采用方孔边长0.08mm的铜丝网筛布。筛框有效直径150mm、高50mm。筛布应紧绷在筛框上，接缝处必须严密，并附有筛盖。试验步骤如下：

(1)称取水泥试样50g倒入干筛内。

(2)用一只手使主筛往复摇动,另一只手轻轻拍打,拍打速度每分钟约20次,每40次向同一方向转动60°,使试样均匀分布在筛网上,直到每分钟通过的试样量不超过0.05g为止。

(3)称量筛余物,按式(2-5)计算试验结果。

四、结果整理

水泥试样筛余百分数按下式计算:

$$F = \frac{R_s}{m} \times 100 \tag{2-5}$$

式中:F——水泥试样的筛余百分数(%);

R_s——水泥筛余物的质量,g;

m——水泥试样的质量,g。

结果精确至0.1%。

注:负压筛法与水筛法或手工干筛法测定的结果发生争议时,以负压筛法为准。

五、上交资料

每人上交一份水泥细度检验方法(80μm筛筛析法)实训报告(见第85页实训二)。

实训三 水泥标准稠度用水量、凝结时间和安定性检验方法

(JTG E30 T0505—2005)

一、目的与适用范围

本方法规定了水泥标准稠度用水量、凝结时间和游离氧化钙造成的体积安定性的检验方法。

本方法适用于硅酸盐水泥、普通硅酸盐水泥、矿渣硅酸盐水泥、粉煤灰硅酸盐水泥、火山灰质硅酸盐水泥、复合硅酸盐水泥、道路硅酸盐水泥及指定采用本方法的其他品种水泥。

二、仪器设备

1.水泥净浆搅拌机:符合《水泥物理检验仪器——水泥净浆搅拌机》(JC/T 729)的要求。

2.标准法维卡仪:如图2-5所示,标准稠度测定用试杆(见图2-5c)有效长度为50mm±1mm、由直径为ϕ10mm±0.05mm的圆柱形耐腐蚀金属制成。测定凝结时间时取下试杆,用试针(见图2-5d,e)代替试杆。试针由钢制成,其有效长度初凝针为50mm±1mm,终凝针为

30mm ± 1mm、直径为 ϕ1.13mm ± 0.05mm 的圆柱体。滑动部分的总质量为 300g ± 1g、与试杆、试针联结的滑动杆表面应光滑，能靠重力自由下落，不得有紧涩和晃动现象。盛装水泥净浆的试模（见图 2-5a）应由耐腐蚀的、有足够硬度的金属制成。试模为深 40mm ± 0.2mm、顶内径 ϕ65mm ± 0.5mm、底内径 ϕ75mm ± 0.5mm 的截顶圆锥体。每只试模应配备一个大于试模、厚度≥2.5mm 的平板玻璃底板。

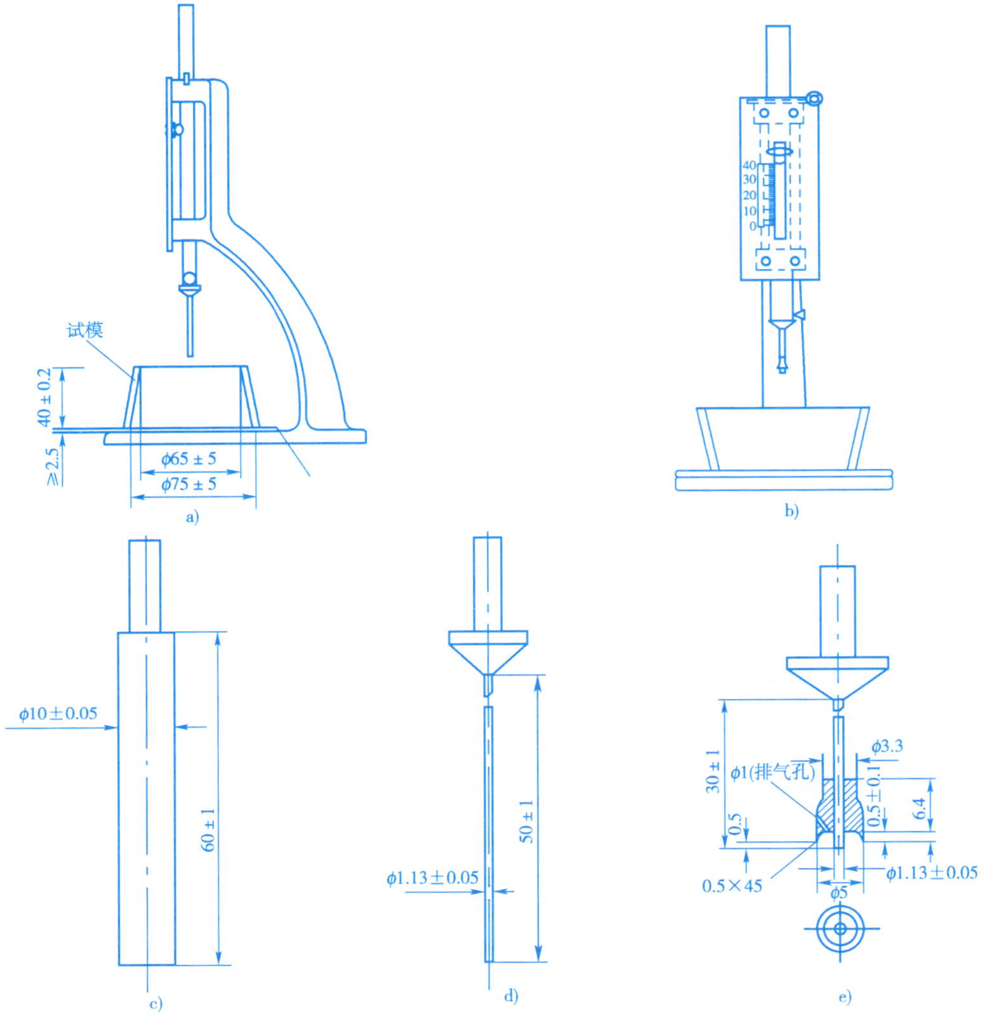

图 2-5　测定水泥标准稠度和凝结时间用的维卡仪（尺寸单位：mm）

a）初凝时间测定用立式试模的侧视图；b）终凝时间测定用反转试模的前视图；c）标准稠度试杆；d）初凝用试针；e）终凝用试针

3. 沸煮箱：有效容积约为 410mm × 240m × 310mm，篦板结构应不影响试验结果，篦板与加热器之间的距离大于 50mm。箱的内层由不易锈蚀的金属材料制成，能在 30min ± 5min 内将箱内的试验用水由室温升至沸腾，并可保持沸腾状态 3h 以上，整个过程中不需补充水量。

4. 雷氏夹：由铜质材料制成，其结构如图 2-6 所示。当指针的根部先悬挂在一根金属丝或尼龙丝上，另一根指针的根部再挂上 300g 质量的砝码时，两根指针的针尖距离增加应在 17.5mm ± 2.5mm 范围之内，即 $2x$ = 17.5mm ± 2.5mm（见图 2-7），当去掉砝码后，针尖的距离能恢复至挂砝码前的状态。

5.雷氏夹膨胀值测定仪:如图2-8所示,标尺最小刻度为0.5mm。

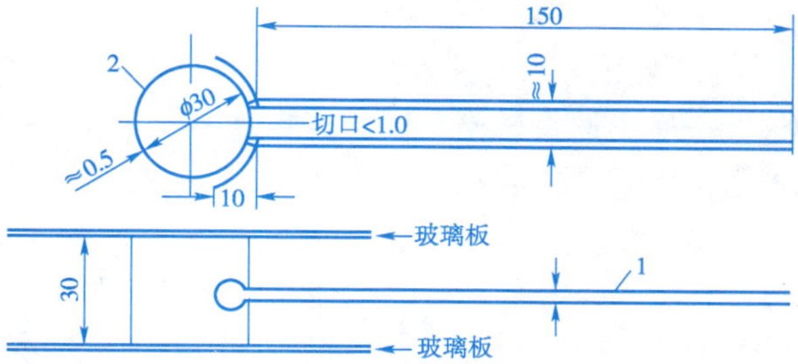

图2-6　雷氏夹(单位:mm)

1-指针;2-环模

6.量水器:最小刻度0.1mL,精度1%。

7.天平:最大称量不小于1 000g,分度值不大于1g。

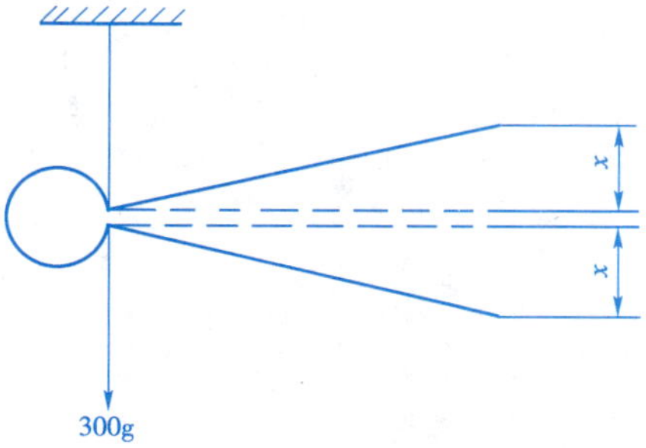

图2-7　雷氏夹受力示意图

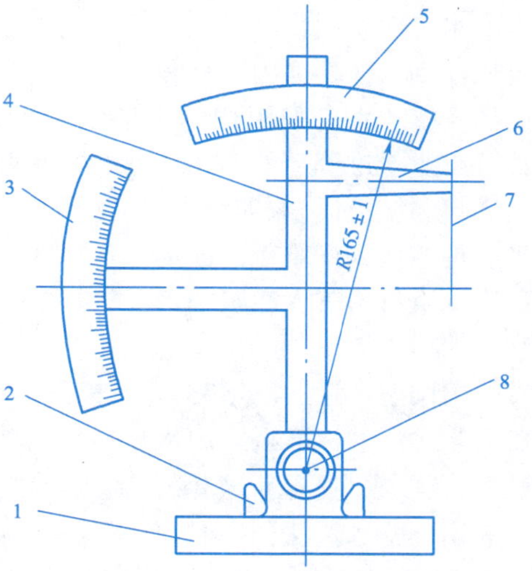

图2-8　雷氏夹膨胀值测定仪

1-底座;2-模子座;3-测弹性标尺;4-立柱;5-测膨胀值标尺;6-悬臂;7-悬丝;8-弹簧顶扭

三、试验方法与步骤

1.标准稠度用水量的测定

(1)标准法

①试验前必须做到维卡仪的金属棒能自由滑动;调整至试杆接触玻璃板时,指针应对准标尺零点;搅拌机应运转正常。

②试验室温度为20℃±2℃,相对湿度应不低于50%;水泥试样、拌和水、仪器和用具的温度应与试验室一致;湿气养护箱的温度为20℃±1℃,相对湿度不低于90%。

③水泥净浆用水泥净浆搅拌机搅拌,搅拌锅和搅拌叶片先用湿棉布擦过,将拌和水倒入

搅拌锅内，然后在 5~10 s 内小心将称好的 500g 水泥加入水中，防止水和水泥溅出；拌和时，先将锅放在搅拌机的锅座上，升至搅拌位置，启动搅拌机，低速搅拌 120s，停拌 15s，同时将叶片和锅壁上的水泥浆刮入锅中间，接着高速搅拌 120s 停机。

④拌和结束后，立即将拌好的水泥净浆装入已置于玻璃板上的试模内，用小刀插捣，振动数次，刮去多余净浆，抹平后迅速将试模和底板移到维卡仪上，将其中心定在试杆下，降低试杆直至与水泥净浆表面接触，拧紧螺丝1~2s 后突然放松，使试杆垂直自由地沉入水泥净浆中。在试杆停止沉入或释放试杆 30s 时，记录试杆距底板之间的距离。提起试杆后，立刻擦净；整个操作应在搅拌后 1.5min 内完成。以试杆沉入净浆并距底板 6mm ± 1mm 的水泥净浆为标准稠度净浆，其拌和水量为该水泥的标准稠度用水量（P），按水泥质量的百分比计。

(2)代用法

标准稠度用水量可用调整水量和不变水量两种方法中的任一种测定，如有争议时以调整水量方法为准。

①试验前检查仪器金属棒应能自由滑动；试锥降至锥模顶面位置时，指针应对准标尺零点；搅拌机应运转正常。

②水泥净浆用水泥净浆搅拌机搅拌，搅拌锅和搅拌叶片先用湿棉布擦过，将称好的 500g 水泥试样倒入搅拌锅内。拌和时，先把锅放到搅拌机锅座上，升至搅拌位置，开动机器，同时徐徐加入拌和水。采用调整水量法时拌和水量按经验确定，用不变水量法时拌和水量用 142.5mL，水量准确至 0.5mL。搅拌机慢速搅拌 120s，停拌 15s，接着快速搅拌 120s 后停机。

③拌和结束后，立即将拌好的净浆装入锥模内，用小刀插捣，振动数次，刮去多余净浆，抹平后迅速放到试锥下面固定位置上，将试锥降至净浆表面拧紧螺丝 1~2s，然后突然放松，让试锥垂直自由沉入净浆中，到试锥停止下沉或释放 30s 时记录试锥下沉深度。整个操作应在搅拌后 1.5min 内完成。

④用调整水量法测定时，以试锥下沉深度 28 ± 2mm 时的净浆为标准稠度净浆。其拌和水量为该水泥的标准稠度用水量（P），按水泥质量的百分比计。如下沉深度超出范围需另称试样，调整水量，重新试验，直到达到 28 ± 2mm 时为止。

⑤用不变水量法测定时，根据测得的试锥下沉深度 S(mm)按下式计算标准稠度用水量 P(%)，也可从仪器上对应标尺读出。

$$P = 33.4 - 0.185S \tag{2-6}$$

当试锥下沉深度小于 13mm 时，应改用调整水量法测定。

注：试验用水必须是洁净的淡水，如有争议时，也可用蒸馏水。

2.凝结时间的测定

(1)测定前调整凝结时间测定仪的试针，使其接触玻璃板时指针对准标尺零点。

(2)以标准稠度用水量按水泥净浆的拌制方法制成标准稠度净浆一次装满试模，振动数次后刮平，立即放入湿汽养护箱内。记录水泥全部加入水中的时间作为凝结时间的起始时间。

(3)初凝时间的测定：试件在湿汽养护箱中养护至加水后 30min 时，进行第一次测定。测定时，从湿汽养护箱中取出试模放到试针下，降低试针与水泥净浆表面接触，拧紧螺丝，1~2s后突然放松，试针垂直自由沉入水泥净浆，观察试针停止下沉或释放试针 30s 时的指针读数。当试针沉至距底板 4mm ± 1mm 时，水泥达到初凝状态；水泥全部加入水中至初凝状态的时间为水泥的初凝时间，用“min”表示。

(4)终凝时间的测定：为了准确观测试针沉入的状况，在终凝针上安装了一个环形附件

(见图2-5e)。在完成初凝时间测定后,立即将试模连同浆体以平移的方式从玻璃板取下,翻转180°,直径大端向上、小端向下放在玻璃板上,再放入湿气养护箱中继续养护,临近终凝时间时每隔15min测定一次,当试针沉入试体0.5mm时,即环形附件开始不能在试体上留下痕迹时,水泥达到终凝状态,水泥全部加入水中至终凝状态的时间为水泥的终凝时间,用"min"表示。

(5)最初测定时,应轻轻扶持金属棒,使其徐徐下降以防试针撞弯,但结果以自由下落测得的结果为准。整个测试过程中试针贯入的位置至少要距试模内壁10mm。临近初凝时,每隔5min测定一次,临近终凝时每隔15min测定一次,到达初凝和终凝状态时应立即重复测一次,当两次结论相同时才能定为到达初凝和终凝状态。每次测定不得让试针落入原针孔,每次测定完毕须将试针擦净并将试模放回湿气养护箱内,整个测试过程要防止试模受振。

注:可以使用能得出与标准中规定方法相同结果的凝结时间自动测定仪,使用时不必翻转试体。

3.安定性的测定

(1)标准法(雷氏法)

①采用雷氏夹法测定时,每个试样需成型2个试件,每个雷氏夹需配备质量约75~80g的玻璃板两块,凡与水泥净浆接触的玻璃板和雷氏夹内表面都要稍稍涂上一层油。

②雷氏夹试件的成型:将预先准备好的雷氏夹放在已稍擦油的玻璃上,并立即将已制好的标准稠度净浆一次装满雷氏夹,装浆时一只手轻轻扶持雷氏夹,另一只手用宽约10mm的小刀插捣15次左右,然后抹平,盖上稍涂油的玻璃板,接着立刻将试件移至湿汽养护箱内养护24h±2h。

③沸煮:调整好沸煮箱内的水位,使之在整个沸煮过程中都能没过试件,不需中途添补试验用水,同时保证水在30min±5min内能沸腾。

脱去玻璃板取下试件,先测量试件指针尖端间的距离(A),精确到0.5mm,接着将试件放入沸煮箱水中的试件架上,指针朝上,试件之间互不交叉,然后在30min±5min内加热水至沸腾,并恒沸180min±5min。

④结果判别:沸煮结束后,放掉箱中的热水,打开箱盖,待箱体冷却至室温,取出试件进行判别。测量试件与指针尖端间的距离(C),精确至0.5mm,当两个试件沸煮后增加距离($C-A$)的平均值不大于5.0mm时,即认为该水泥安全性合格;当两个试件的($C-A$)值相差超过4.0mm时,应用同一样品立即重做一次试验。

(2)代用法(试饼法)

①需准备两块约100mm×100mm的玻璃板。凡与水泥净浆接触的玻璃板都要稍稍涂上一层油。

②试饼成型方法:以标准稠度用水量加水,按水泥净浆的拌制方法制备标准稠度净浆。将制好的净浆取出一部分分成两等份,使之呈球形,放在预先准备好的玻璃板上,轻轻振动玻璃板并用湿布擦净的小刀由边缘向中央抹动,做成直径70~80mm、中心厚约10mm、边缘渐薄、表面光滑的试饼,接着将试饼放入湿气养护箱内养护24h±2h。

③沸煮:调整好沸煮箱内的水位,使之在整个沸煮过程中都能没过试件,不需中途添补试验用水,同时保证水在30min±5min内能沸腾。

脱去玻璃板取下试件,先检查试饼是否完整(如已开裂、翘曲,要检查原因,确定原因后,该试饼已属不合格品,不必沸煮),在试饼无缺陷的情况下,将试饼放在沸煮箱的水中篦板上,然后在30min±5min内加热至水沸腾,并恒沸180min±5min。

④结果评定:沸煮结束后,放掉沸煮箱中的热水,打开箱盖,待箱体冷却至室温,取出试

件进行判别。目测试饼未发现裂缝，用钢直尺检查也没有弯曲（使钢直尺和试饼底部紧靠，以两者间不透光为不弯曲）的试饼为安定性合格；反之为不合格。当两个试饼判别结果有矛盾时，该水泥的安定性为不合格。

四、上交资料

每人上交一份水泥标准稠度用水量，凝结时间和安定性检验方法实训报告（见第87页实训三）。

实训四　水泥胶砂强度检验方法（ISO法）

（JTG E30 T0506—2005）

一、目的与适用范围

本方法适用于硅酸盐水泥、普通硅酸盐水泥、矿渣硅酸盐水泥、火山灰硅酸盐水泥、粉煤灰硅酸盐水泥和复合硅酸盐水泥、道路硅酸盐水泥以及石灰石硅酸盐水泥的抗压强度和抗折强度的检验，采用其它水泥时必须研究本方法的适用性。

二、仪器设备

1.胶砂搅拌机：见图2-9，由胶砂搅拌锅和搅拌叶片及相应的机构组成。搅拌叶片呈扇形，搅拌顺时针自转，外沿锅周边逆时针公转，并且具有高低两种速度，属行星式搅拌机。

2.胶砂振实台：见图2-10，由可以跳动的台盘和使其跳动的凸轮等组成。台盘上有固定

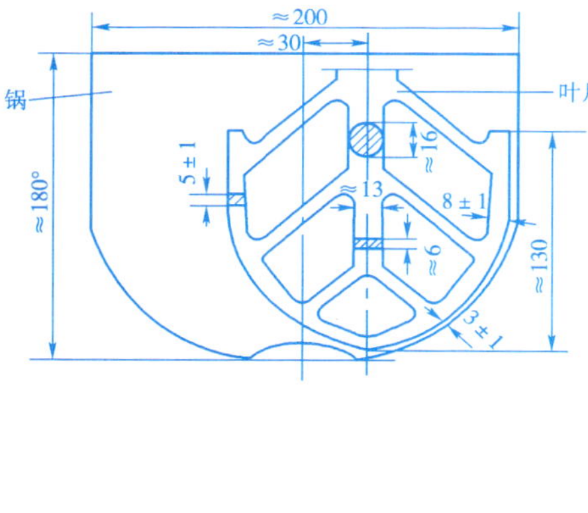

图2-9　搅拌机（尺寸单位：mm）

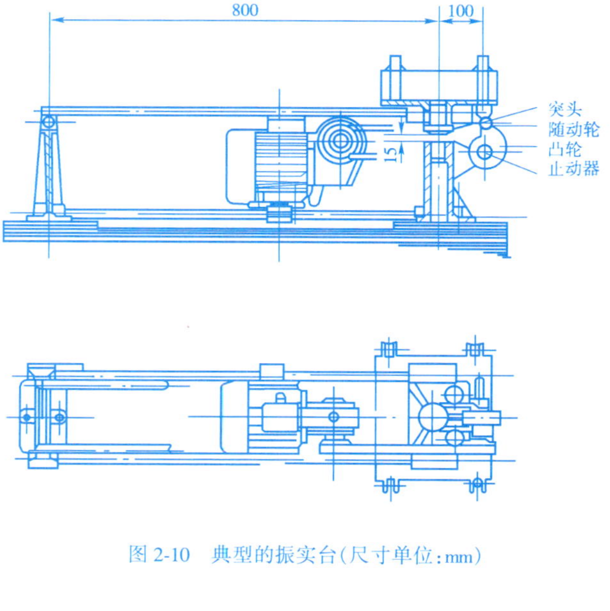

图2-10　典型的振实台（尺寸单位：mm）

试模用的卡具,并连有两根起稳定作用的臂。卡具与模套连成一体,可沿与臂杆垂直方向向上转动不小于100°。

3.试模:胶砂试模为同时可成型三条40mm×40mm×160mm棱柱体的可拆卸试模,由隔板、端板、底座、紧固装置及定位销组成。

4.抗折试验机:一般采用双杠杆的,也可采用性能符合要求的其它试验机。

5.抗压试验机和抗压夹具

(1)抗压试验机的吨位以200~300kN为宜,误差不得超过±2.1%。

(2)抗压夹具由硬质钢材制成,上、下压板长度:40mm±0.1mm,面积为40mm×40mm。

三、试验方法与步骤

1.试件成型

(1)成型前将试模擦净,四周的模板与底座的接触面上应涂黄干油,紧密装配,防止漏浆,内壁均匀地刷一薄层机油。

(2)胶砂的质量配合比应为一份水泥、三份标准砂和半份水(水灰比为0.5)一锅胶砂成三个试体,每锅材料需要量见表2-1。

每锅胶砂的材料数量 表2-1

材料量 / 水泥品种	水泥(g)	标准砂(g)	水(mL)
硅酸盐水泥	450±2	1350±5	225±1
普通硅酸盐水泥			
矿渣硅酸盐水泥			
粉煤灰硅酸盐水泥			
复合硅酸盐水泥			
火山灰硅酸盐水泥			

(3)每锅胶砂用搅拌机进行机械搅拌时,先使搅拌机处于待工作状态,然后按以下的程序操作:

把水加入锅里,再加入水泥,把锅放在固定架上,上升至固定位置。

然后立即开动机器,低速搅拌30s后,在第二个30s开始的同时均匀的将砂子加入。当各级砂石分装时,从最粗粒级开始一次将所需的每级砂量加完。把机器转至高速再拌30s。

停拌90s,在第一个15s内用一胶皮刮具将叶片和锅壁上的胶砂刮入锅中间。在高速下继续搅拌60s。各个搅拌阶段的时间偏差在1s以内。

(4)胶砂制备后立即用捣实台成型,将空试模和模套固定在振实台上,用一个适当勺子直接从搅拌锅里将胶砂分两层装入试模,装第一层时,每个槽里约放300g胶砂,用大播料器垂直架在模套顶部沿每个模槽来回一次将料层播平,接着振实60次。再装入第二层胶砂,用小播料器播平,再振实60次,移走模套,从振实台上取下试模,用一金属直尺以近似90°的角度架在试模顶的一端,然后沿试模长度方向以横向锯割动作慢慢向另一端移动,一次将超过试模部分的胶砂刮去,并用同一直尺以近乎水平的状态下将试体表面抹平。

在试模上做标记或加字条标明试件编号和试件相对于振实台的位置。

2.养护

(1)脱模

对于24h龄期的应在破型试验前20min内脱模,对于24h以上龄期的,应在成型后20~24h之间脱模。

(2)水中养护

将做好标记的试件立即水平或竖直放在20℃±1℃水中养护,水平放置时刮平面应朝上。试件放在不易腐烂的篦子上,并彼此间保持一定距离,以让水与试件的六个面接触,养护期间试件之间间隔或试体上表面的水深不得小于5mm。

每个养护池只养护同类型的水泥试件。

最初用自来水装满养护池,随后随时加水,保持适当的恒定水位,不允许在养护期间全部换水。

3.强度试验

试件龄期是从水泥加水搅拌开始试验时算起,不同龄期强度试验在下列时间里进行。

龄期　　时间

1d——24h±15min

2d——48h±30min

3d——72h±45min

7d——7d±2h

28d——28d±8h

试件从水中取出后,在强度试验前应用湿布覆盖。

(1)抗折强度试验

①将试件一个侧面放在试验机支撑圆柱上,试件长轴垂直于支撑圆柱,通过加荷圆柱以50N/s±10N/s的速度均匀的将荷载垂直地加在棱柱体相对侧面上,直至折断。

②保持两个半截棱柱体处于潮湿状态直至抗压试验。

③抗折强度按下式计算:

$$R_f = \frac{1.5F_fL}{b^3} \tag{2-7}$$

式中:R_f——抗折强度,MPa;

F_f——折断时施加于棱柱体中部的荷载,N;

L——支撑圆柱之间的距离,mm;

b——棱柱体正方形截面的边长,mm。

④抗折强度的评定:以一组三个棱柱体抗折强度结果的平均值作为试验结果。当三个强度值中有超出平均值±10%时,应剔除后再取平均值作为抗折强度试验结果。

(2)抗压强度试验

①抗折试验后的两个断块应立即进行抗压试验,抗压试验必须用抗压夹具进行,试件受压面为40mm×40mm。试验时以半截棱柱体的侧面作为受压面,试体的底面靠近夹具定位销,并使夹具对准压力机压板中心。

②压力机加荷速度应控制在2400N/s±200N/s,均匀加荷,直至破坏。

③抗压强度按下式计算:

$$R_c = \frac{F_c}{A} \tag{2-8}$$

式中：R_c——抗压强度，MPa；

F_c——破坏时的最大荷载，N；

A——受压部分面积，mm^2。

④抗压强度的评定：以一组三个棱柱体上得到的六个抗压强度测定值的算术平均值作为试验结果。

如六个测定值中有一个超出平均值的±10%，就应剔除这个结果，而以剩下五个的平均数为结果，如果五个测定值中再有超过它们平均数±10%的，则此结果作废。

四、上交资料

每人上交一份水泥胶砂强度检验方法（ISO法）实训报告（见第89页实训四）。

实训五　粉煤灰有效氧化物含量试验

（Ⅰ）二氧化硅的测定

（GB/T 176—96）

一、目的与适用范围

测定粉煤灰中二氧化硅的含量，粉煤灰中氧化物的含量对石灰、粉煤灰综合稳定物的强度有明显影响。

二、仪器设备

1.天平：不应低于四级，精度至0.0001g。

2.铂、银或瓷坩埚：带盖，容量15～30mL。

3.瓷蒸发皿：容量50～100mL。

4.马弗炉：隔焰加热炉，在炉堂外围进行电阻加热。应使用温度控制器，准确控制炉温，并定期进行校验。

5.滤纸：无灰的快速、中速、慢速三种型号滤纸。

6.玻璃容量器皿：滴定管、容量瓶、移液管。

7.分光度计：可在400～700nm范围内测定溶液的吸光度，带有10mm、20mm比色皿。

8.火焰光度计：带有768nm和589nm的干涉滤光片。

三、试验方法与步骤

粉煤灰以无水碳酸钠烧结，盐酸溶解，加固体氯化铵于沸水浴上加热蒸发，使硅酸凝聚。滤出沉淀用氢氟酸处理后，失去的质量即为纯二氧化硅量，加上滤液中比色回收的二氧化硅量即为总二氧化硅量。

1.纯二氧化硅的测定

(1)称取约 0.5g 粉煤灰试样(m_1)，精确至 0.000 1g，置于坩埚中，在 950～1 000℃下灼烧 5min，冷却。用玻璃棒仔细压碎块状物，加入 0.3g 无水碳酸钠(见备注 2)，混匀，再将坩埚置于 950～1 000℃下灼烧 10min，放冷。

(2)将烧结块移入瓷蒸发皿中，加入少量水润湿，用平头玻璃棒压碎块状物，盖上表面皿，从皿口滴入 5mL 盐酸及 2～3 滴硝酸，待反应停止后取下表面皿，用平头玻璃棒压碎块状物使分解完全，用热盐酸(1＋1)清洗坩埚数次，洗液合并于蒸发皿中。将蒸发皿置于沸水浴上，皿上放一玻璃三角架，在盖上表面皿。蒸发至糊状后，加入 1g 氯化铵(见备注 1)，充分搅匀，继续在沸水浴上蒸发至干。

(3)取下蒸发皿，加入 10～20mL 热盐酸(3＋97)，搅拌使可溶性盐类溶解。用中速滤纸过滤，用胶头扫棒以热盐酸(3＋97)擦洗玻璃棒及蒸发皿，并洗涤沉淀 3～4 次，然后用热水充分洗涤沉淀，直至检验无氯离子为止(见备注 3)。滤液及洗液保存在 250mL 容量瓶中。

(4)在沉淀上加 3 滴硫酸(1＋4)，然后将沉淀连同滤纸一并移入坩埚中，烘干并灰化后放入 950～1 000℃的马弗炉内灼烧(见备注 4)1h，取出坩埚置于干燥器中冷却至室温，称量。反复灼热，直至恒重(m_2)。

(5)向坩埚中加数滴水润湿沉淀，加 3 滴硫酸(1＋4)和 10mL 氢氟酸，放入通风橱内电热板上缓慢蒸发至干，升高温度继续加热至三氧化硫白烟完全逸尽。将坩埚放入 950～1 000℃的马弗炉内灼烧 30min，取出坩埚置于干燥器中冷却至室温，称量。反复灼烧，直至恒重(m_3)。

2.经氢氟酸处理后残渣的分解

向按步骤 1 得到的残渣中加入 0.5g 焦硫酸钾(见备注 5)熔融，熔块用热水和数滴盐酸(1＋1)溶解，溶液并入按上述方法分离二氧化硅后得到的滤液和洗液中。用水稀释至标线，摇匀。此溶液记为 A，供测定滤液中残留的可溶性二氧化硅、三氧化二铁、三氧化二铝用。

3.可溶性二氧化硅的测定(硅钼蓝光度法测定)

从步骤 2 得到的溶液 A 中吸取 25mL 溶液放入 100mL 容量瓶中，用水稀释至 40mL，依次加入 5mL 盐酸(1＋11)、8mL95％(V/V)乙醇、6mL 钼酸铵溶液(见备注 6)，放置 30min 后加入 20mL 盐酸(1＋1)、5mL 抗坏血酸溶液(见备注 7)，用水稀释至标线，摇匀。放置 1h 后，使用分光光度计，10mm 比色皿，以蒸馏水作为参比，于 660nm 处测定溶液的吸光度。在工作曲线(见附录一)上查出二氧化硅的含量(m_4)。

四、结果整理

1.纯二氧化硅的质量百分数 $X_{纯SiO_2}$ 按下式计算：

$$X_{纯SiO_2} = \frac{m_2 - m_3}{m_1} \times 100 \tag{2-9}$$

式中：$X_{纯SiO_2}$——纯二氧化硅的质量百分数，%；

m_2——灼烧后未经氯氟酸处理的沉淀及坩埚的质量，g；

m_3——用氢氟酸处理并经灼烧后的残渣及坩埚的质量，g；

m_1——粉煤灰的质量，g。

2.可溶性二氧化硅的质量百分数 $X_{可溶SiO_2}$ 按下式计算：

$$X_{可溶SiO_2} = \frac{m_4 \times 250}{m_1 \times 25 \times 100} \times 100 = \frac{m_4}{m_1} \tag{2-10}$$

式中：$X_{可溶SiO_2}$——可溶性二氧化硅的质量百分数，%；

m_4——按步骤3测定的100mL溶液中二氧化硅的含量，g；

m_1——粉煤灰的质量，g。

3.总 SiO_2 含量的计算：

$$总SiO_2含量 = X_{纯SiO_2} + X_{可溶SiO_2} \tag{2-11}$$

以两次平行试验结果的算术平均值表示测定结果。

允许差：同一试验室的允许差为0.15%；不同试验室的允许差为0.20%。

五、上交资料

每人上交一份二氧化硅的测定实训报告[见第91页实训五(I)]。

(II)三氧化二铁的测定

(GB/T 176—96)

一、目的与适用范围

测定粉煤灰中三氧化二铁的含量，粉煤灰中氧化物的含量对石灰、粉煤灰综合稳定物的强度有明显影响。

二、仪器设备

1.天平：不应低于四级，精度至0.0001g。

2.铂、银或瓷坩埚：带盖，容量15~30mL。

3.瓷蒸发皿：容量50~100mL。

4.马弗炉：隔焰加热炉，在炉膛外围进行电阻加热。应使用温度控制器，准确控制炉温，并定期进行校验。

5.滤纸：无灰的快速、中速、慢速三种型号滤纸。

6.玻璃容量器皿：滴定管、容量瓶、移液管。

7.分光度计：可在400~700nm范围内测定溶液的吸光度，带有10mm、20mm比色皿。

8. 火焰光度计：带有 768nm 和 589nm 的干涉滤光片。

三、试验方法与步骤

在 pH 值为 1.8～2.0、温度为 60～70℃的溶液中，以磺基水杨酸钠为指示剂，用 EDTA 标准滴定溶液滴定。

从二氧化硅试验步骤 2 得到的溶液 A 中吸取 25mL 溶液放入 300mL 烧杯中，加水稀释至约 100mL，用氨水（1+1）和盐酸（1+1）调节溶液 pH 值在 1.8～2.0 之间（用精密 pH 试纸检验）。将溶液加热至 70℃，加 10 滴磺基水杨酸钠指示剂溶液（见备注 2.5.8）。用〔c(EDTA)=0.015mol/L〕EDTA 标准滴定溶液（见附录二）缓慢地滴定至亮黄色（终点时溶液温度应不低于 60℃）。保留此溶液供测定三氧化二铝用。

四、结果整理

三氧化二铁的质量百分数 $X_{Fe_2O_3}$ 按下式计算：

$$X_{Fe_2O_3} = \frac{T_{Fe_2O_3} \times V_2 \times 10}{m_1 \times 1\,000} \times 100 = \frac{T_{Fe_2O_3} \times V_2}{m_1} \tag{2-12}$$

式中：$X_{Fe_2O_3}$——三氧化二铁的质量百分数，%；

$T_{Fe_2O_3}$——每毫升 EDTA 标准滴定溶液相当于三氧化二铁的毫克数，mg/mL；

V_2——滴定时消耗的 EDTA 标准滴定溶液体积，mL；

m_1——粉煤灰的质量，g。

以两次平行试验结果的算术平均值作为测定结果。

允许差：同一试验室的允许差为 0.15%；不同试验室的允许差为 0.20%.

五、上交资料

每人上交一份三氧化二铁的测定实训报告[见第 93 页实训五(II)]。

(III) 三氧化二铝的测定

（GB/T 176—96）

一、目的与适用范围

测定粉煤灰中三氧化二铝的含量，粉煤灰中氧化物的含量对石灰、粉煤灰综合稳定物的强度有明显影响。

二、仪器设备

1. 天平：不应低于四级，精度至 0.0001g。

2. 铂、银或瓷坩埚：带盖，容量 15 ~ 30mL。

3. 瓷蒸发皿：容量 50 ~ 100mL。

4. 马弗炉：隔焰加热炉，在炉膛外围进行电阻加热。应使用温度控制器，准确控制炉温，并定期进行校验。

5. 滤纸：无灰的快速、中速、慢速三种型号滤纸。

6. 玻璃容量器皿：滴定管、容量瓶、移液管。

7. 分光度计：可在 400 ~ 700nm 范围内测定溶液的吸光度，带有 10mm、20mm 比色皿。

8. 火焰光度计：带有 768nm 和 589nm 的干涉滤光片。

三、试验方法与步骤

于滴定铁后的溶液中，调整 pH 值至 3，在煮沸下用 EDTA-铜和 PAN 为指示剂，用 EDTA 标准滴定溶液滴定。

将测定三氧化二铁试验中测完铁的溶液用水稀释至约 200mL，加 1 ~ 2 低溴酚蓝指示剂溶液（见备注 12），滴加氨水（1 + 2）至溶液出现蓝紫色，再滴加盐酸（1 + 2）至黄色，加入 15mL pH3 的缓冲溶液（见备注 13），加热至微沸并保持 1min，加入 10 滴 EDTA-铜溶液（见备注 14）及 2 ~ 3 滴 PAN 指示剂溶液（见备注 15），用〔c(EDTA) = 0.015mol/L〕EDTA 标准滴定溶液（见附录二）滴定至红色消失，继续煮沸，滴定，直至溶液经煮沸后红色不再出现呈稳定的亮黄色为止。

四、结果整理

三氧化二铝的质量百分数 $X_{Al_2O_3}$ 按下式计算：

$$X_{Al_2O_3} = \frac{T_{Al_2O_3} \times V_1 \times 10}{m_1 \times 1000} \times 100 = \frac{T_{Al_2O_3} \times V_1}{m_1} \tag{2-13}$$

式中：$X_{Al_2O_3}$——三氧化二铝的质量百分数，%；

$T_{Al_2O_3}$——每毫升 EDTA 标准滴定溶液相当于三氧化二铝的毫克数，mg/mL；

V_1——滴定时消耗 EDTA 标准滴定溶液的体积，mL；

m_1——粉煤灰的质量，g。

以两次平行试验结果的算术平均值作为测定结果。

允许差：同一试验室的允许差为 0.20%；不同试验的允许差为 0.30%。

〔备注〕

在化学分析中，只能使用蒸馏水或同等纯度的水，所用试剂应为分析纯或优级纯试剂。用于标定与配制标准溶液的试剂，除另有说明外应为基准试剂。凡分析中所用酸或氨水，凡未注浓度者均指市售的浓酸或浓氨水。用体积比表示试剂稀释程度，例如：盐酸（1 + 1）表示：1 份体积的浓盐酸与 1 份体积的水相混合。

1. 氯化铵（NH_4CL）。

2. 无水碳酸钠（Na_2CO_3）：将无水碳酸钠用玛瑙研钵研细至粉末状保存。

3. 检查 Cl^- 离子（硝酸银检验）

按规定洗涤沉淀数次后，用数滴水淋洗漏斗的下端，用数毫升水洗涤滤纸和沉淀，将滤纸收集在试管中，加几滴硝酸银溶液〔5g/L：即将5g硝酸银($AgNO_3$)溶于水中，加10mL硝酸(HNO_3)，用水稀释至1L。〕

4.灼烧：将滤纸和沉淀放入预先已灼烧至恒量的坩埚中，烘干。在氧化性气氛中慢慢灰化，不再有火焰产生，灰化至无黑色炭颗粒后，放入马弗炉中，在规定的温度下灼烧。在干燥器中冷却至室温，称量。

5.焦硫酸钾($K_2S_2O_7$)：将市售焦硫酸钾在瓷蒸发皿中加热熔化，待气泡停止后，冷却、砸碎、储存于磨口瓶中。

6.钼酸铵溶液(50g/L)：即将5g钼酸铵〔$(NH_4)_6Mo_7O_{24}\cdot 4H_2O$〕溶于水中，加水稀释至100mL，过滤后储存于塑料瓶中。此溶液可保存约一周。

7.抗坏血酸溶液(5g/L)：将0.5g抗坏血酸(V·C)溶于100mL水中，过滤后使用，用时现配。

8.磺基水杨酸钠指示剂溶液：将10g磺基水杨酸钠溶于水中，加水稀释至100mL。

9.碳酸钙标准溶液〔$c(CaCO_3)=0.024mol/L$〕：称取0.6g(m_1)于105~110℃温度下烘过2h的碳酸钙($CaCO_3$)，精确至0.0001g，置于400mL烧杯中，加入约100mL水，盖上表面皿，沿杯口滴加盐酸(1+1)至碳酸钙全部溶解，加热煮沸数分钟。将溶液冷却至室温，移入250mL容量瓶中，用水稀释至标线，摇匀。

10.钙黄绿素－甲基百里香酚蓝－酚酞混合指示剂(简称CMP混合指示剂)：称取1.000g钙黄绿素、1.000g甲基百里香酚蓝、0.200g酚酞与50g已在105℃烘干过的硝酸钾(KNO_3)混合研细，保存在磨口瓶中。

11.氢氧化钾溶液(200g/L)：将200g氢氧化钾(KOH)溶于水中，加水稀释至1L。贮存于塑料瓶中。

12.溴酚蓝指示剂溶液：将0.2g溴酚蓝溶于100mL乙醇(1+4)中。

13.pH3的缓冲溶液：将3.2g无水乙酸钠(CH_3COONa)溶于水中，加120mL冰乙酸(CH_3COOH)，用水稀释至1L，摇匀。

14.EDTA－铜溶液：按〔$c(EDTA)=0.015mol/L$〕EDTA标准滴定溶液(见附录二)与〔$c(CuSO_4)=0.015mol/L$〕硫酸铜标准滴定溶液(见附录三)的体积比，准确配制成等浓度的混合溶液。

15. 1-(2－吡啶偶氮)－2-萘酚(PAN)指示剂溶液：将0.2g PAN溶于100mL95%(V/V)乙醇中。

16. pH4.3的缓冲溶液：将42.3g无水乙酸钠(CH_3COONa)溶于水中，加80mL冰乙酸(CH_3COOH)，用水稀释至1L，摇匀。

〔附录一〕工作曲线的绘制

1.标准溶液的绘制

称取0.2g经1000~1100℃新灼烧过30min以上的SiO_2，精确至0.000 1g，置于坩埚中，加入2g无水碳酸钠(见备注2.5.2)，搅拌均匀，在1 000~1 100℃高温下熔融15min。冷却，用热水将熔块浸出于盛有热水的300mL塑料杯中，待全部溶解后冷却至室温，移入1 000mL容量瓶中，用水稀释至标线，摇匀，移入塑料瓶中保存。此溶液每毫升含有0.2mg二氧化硅。

吸取10.00mL上述标准溶液于100mL容量瓶中，用水稀释至标线，摇匀，移入塑料瓶中保存。此溶液每毫升含有0.2mg二氧化硅。

2.绘制工作曲线

吸取每毫升含有0.2mg二氧化硅的标准溶液0、2、4、5、6、8、10mL分别放入100mL容量瓶中，加水稀释至约40mL，依次加入5mL盐酸(1+11)、8mL95%(V/V)乙醇、6mL钼酸铵溶液(见备注2.5.6)。放置30min后，加入20mL盐酸(1+1)、5mL抗坏血酸溶液(见备注2.5.7)，用水稀释至标线，摇匀。放置1h后，使用分光光度计，10mm比色皿，以水做参比，于660nm处测定溶液的吸光度。用测得的吸光度作为相对应的二氧化硅含量的函数，绘制工作曲线。

〔附录二〕EDTA标准滴定溶液〔c(EDTA)=0.015mol/L〕

1.标准滴定溶液的配制

称取约5.6gEDTA(乙二胺四乙酸二钠盐)置于烧杯中，加约200mL水，加热溶解，过滤，用水稀释至1L。

2.EDTA标准滴定溶液浓度的标定

吸取25.00mL碳酸钙标准溶液(见备注2.5.9)于400mL烧杯中，加水稀释至约200mL，加入适量的CMP混合指示剂(见备注2.5.10)，在搅拌下加入氢氧化钾溶液(见备注2.5.11)至出现绿色荧光后再过量2~3mL，以EDTA标准滴定溶液滴定至绿色荧光消失并呈现红色。

EDTA标准滴定溶液的浓度按下式计算：

$$c(\text{EDTA}) = \frac{m_1 \times 25 \times 1000}{250 \times V_4 \times 100.09} = \frac{m_1}{V_4} \times \frac{1}{1.0009} \tag{2-14}$$

式中：c(EDTA)——EDTA标准滴定溶液的浓度，mol/L；

V_4——滴定时消耗EDTA标准滴定溶液的体积，mL；

m_1——按备注2.5.9方法配制碳酸钙标准溶液中碳酸钙的质量，g；

100.09——$CaCO_3$的摩尔质量，g/mol。

3.EDTA标准滴定溶液对各氧化物滴定度的计算

EDTA标准滴定溶液对三氧化二铁、三氧化二铝的滴定度分别按下式计算：

$$T_{Fe_2O_3} = c(\text{EDTA}) \times 79.84 \tag{2-15}$$

$$T_{Al_2O_3} = c(\text{EDTA}) \times 50.89 \tag{2-16}$$

式中：$T_{Fe_2O_3}$——每毫升EDTA标准滴定溶液相当于三氧化二铁的毫克数，mg/mL；

$T_{Al_2O_3}$——每毫升EDTA标准滴定溶液相当于三氧化二铝的毫克数，mg/mL；

c(EDTA)——EDTA标准滴定溶液的浓度，mol/L；

79.84——($\frac{1}{2}Fe_2O_3$)的摩尔质量，g/mol；

50.98——($\frac{1}{2}Al_2O_3$)的摩尔质量，g/mol。

〔附录三〕硫酸铜标准滴定溶液〔$c(CuSO_4)$=0.015mol/L〕

1.标准滴定溶液的配制

将3.7g硫酸铜($CuSO_4 \cdot 5H_2O$)溶于水中，加4~5滴硫酸(1+1)，用水稀释至1L，摇匀。

2.EDTA标准滴定溶液与硫酸铜标准滴定溶液，体积比的标定

从滴定管缓慢放出10~15mL〔c(EDTA)=0.015mol/L〕EDTA标准滴定溶液于400mL烧杯中，用水稀释至约150mL，加15mL pH4.3的缓冲溶液(见备注2.5.16)，加热至沸，取下稍冷，加5~6滴PAN指示剂溶液(见备注2.5.15)，以硫酸铜标准滴定溶液滴定至亮紫色。EDTA标准滴定溶液与硫酸铜标准滴定溶液的体积比按下式计算：

$$K_2 = \frac{V_1}{V_2} \tag{2-17}$$

式中：K_2——每毫升硫酸铜标准滴定溶液相当于EDTA标准滴定溶液的毫升数；

V_1——EDTA标准滴定溶液的体积，mL；

V_2——滴定时消耗硫酸铜标准滴定溶液的体积，mL。

五、上交资料

每人上交一份三氧化二铝的测定实训报告[见第95页实训五(Ⅲ)]。

实训六　粉煤灰烧失量试验

(GB/T 176—96)

一、目的与适用范围

测定粉煤灰的含炭量，粉煤灰中的含炭量过多会影响其活性、对混合料强度有明显影响。

二、仪器设备

1. 天平：不应低于四级，精度至0.0001g。
2. 铂、银或瓷坩埚：带盖，容量15～30mL。
3. 马弗炉：隔焰加热炉，在炉膛外围进行电阻加热。应使用温度控制器，准确控制炉温，并定期进行校验。

三、试验方法与步骤

1. 先称取空瓷坩埚的质量 m_0，然后称取粉煤灰试样约1g(m_1)，精确至0.0001g，然后将粉煤灰置于已灼烧恒量的瓷坩埚中，将盖斜置于坩埚上。
2. 将瓷坩埚放在马弗炉内，然后从低温开始逐渐升高温度，在800～950℃下灼烧15～20min。
3. 将瓷坩埚取出置于干燥器中冷却至室温，称量。反复灼烧，直至恒量(见恒量说明)(m_2)。

恒量说明：经第一次灼烧、冷却、称量后，通过连续对每次15min的灼烧，然后用冷却、称量的方法来检查恒定质量，当连续两次称量之差小于0.000 5g时，即达到恒量。

四、结果整理

粉煤灰烧失量的质量百分数 X_{LOI} 按下式计算，准确至0.1%：

$$X_{LOI} = \frac{m_1 - (m_2 - m_0)}{m_1} \times 100 \tag{2-18}$$

式中：X_{LOI}——粉煤灰烧失量的质量百分数，%；

m_0——空瓷坩埚的质量，g；

m_1——粉煤灰试样的质量，g；

m_2——灼烧后粉煤灰试样与瓷坩埚的合重，g。

以两次平行试验结果的算术平均值表示测定结果

五、上交资料

每人上交一份粉煤灰烧失量试验实训报告（见第97页实训六）。

实训七 粉煤灰细度试验

（JTJ 058 T0351—2000）

一、目的与适用范围

测定粉煤灰的颗粒级配，粉煤灰的颗粒愈细，其表面积愈大，其活性愈强，从而增加混合料的抗压强度。

二、仪器设备

1.标准筛：孔径0.3mm、0.075mm。

2.天平：感量不大于0.1g。

3.烘箱：能控温在105℃±5℃。

4.搪瓷盘。

5.橡皮研杵。

三、试验方法与步骤

1.将粉煤灰试样放入105℃±5℃的烘箱中烘干至恒重，冷却，称取100g（m_1），准确至0.1g。如有粉煤灰团粒存在，可用橡皮头研杵轻轻研磨粉碎。

2.将0.075mm筛装在筛底上，仔细倒入粉煤灰，盖上筛盖。手工轻轻筛分，至大体上筛不下去为止。存留在筛底上的小于0.075mm部分可弃去。

3.除去筛盖和筛底，将0.3mm筛套在0.075mm筛上面。在自来水龙头下方接一胶管，打开自来水，用胶管的水轻轻冲洗粉煤灰过筛，0.075mm 筛下部分任其流失，直至流出的水色清澈为止。水洗过程中，可以适当用手扰动试样，加速粉煤灰过筛，但不得直接冲洗 0.075mm 筛。

4.将 0.075mm 筛上的筛余反过来用小水流仔细冲洗入搪瓷盘中，待筛余沉淀后，稍稍倾斜，仔细除去清水，放入 105℃±5℃的烘箱中烘干至恒重，冷却后称取试样质量(m_2)，准确至 0.1g。

注：自来水的水量不可太大太急，防止损坏筛面或将粉煤灰冲出，水不得从两层筛之间流出，自来水宜装有防溅水龙头。当试验现场缺乏自来水时，也可用人工浇水冲洗。

如直接在 0.075mm 筛上冲洗，将可能使筛面变形，筛孔堵塞，或者造成粉煤灰与筛面发生共振，不能通过筛孔。也可根据实际需要采用 0.3mm 筛进行初步筛分，然后水洗，试验方法与采用 0.075mm 筛筛分方法相同。

四、结果整理

粉煤灰中通过 0.075mm 筛或 0.3mm 筛的含量通过百分率按下式计算，准确至 0.1%。

$$P_{0.075}=\frac{m_1-m_2}{m_1}\times 100 \tag{2-19}$$

$$P_{0.3}=\frac{m_1-m_3}{m_1}\times 100 \tag{2-20}$$

上述式中：$P_{0.075}$——粉煤灰中小于 0.075mm 的含量(通过率)，%；

$P_{0.3}$——粉煤灰中小于 0.3mm 的含量(通过率)，%；

m_1——粉煤灰试样的烘干质量，g；

m_2——水洗后粉煤灰试样在 0.075mm 筛上的筛余物烘干质量，g；

m_3——水洗后粉煤灰试样在 0.3mm 筛上的筛余物烘干质量，g。

以两次平行试验结果的算术平均值作为试验结果，通过率相差不得大于 2%。

注：本方法是参照《公路工程集料试验规程》(JTJ 058 T0351—2000)和《公路路面基层施工技术规范》(JTJ 034—2000)“石灰工业废渣稳定土”中的粉煤灰技术指标要求而进行编写的。

五、上交资料

每人上交一份粉煤灰细度试验实训报告(见第 99 页实训七)。

实训八 无机结合料稳定土无侧限抗压强度试验

(JTJ 057 T0805—94)

一、目的与适用范围

为路面施工中无机结合料细粒土、中粒土和粗粒土配合比设计提供数据，同时也可用此方法检验路面结构强度是否满足要求。

二、仪器设备

1.圆孔筛:孔径40mm、25mm(或20mm)及5mm的筛各一个。

2.试模:适用于下列不同土的试模尺寸为:

细粒土(最大粒径不超过10mm):试模的直径×高=50mm×50mm;

中粒土(最大粒径不超过25mm):试模的直径×高=100mm×100mm;

粗粒土(最大粒径不超过40mm);试模的直径×高=150mm×150mm。

3.脱模器。

4.反力框架:规格为400kN以上。

5.液压千斤顶:200~1000kN。

6.夯锤与导管:夯锤底面直径50mm,总质量4.5kg。夯锤在导管内的总行程为450mm。

7.密封湿气箱或湿气池,设在能保持恒温的小房间内(约6~8m^2,高2m。热天用空调保持恒温,冷天用温度控制器或电炉保持恒温)。

8.水槽:深度应大于试件高度50mm。

9.路面材料强度试验仪或其它合适的压力机(不大于200kN)。

10.天平:感量0.01g。

11.台秤:称量10kg,感量5g。

12.量筒、拌和工具、漏斗、大小铝盒、烘箱等。

三、试验方法与步骤

(一)试验准备

将有代表性的风干试样(必要时也可以在50℃烘箱内烘干),用木锤或木碾捣碎,但应避免破碎粒料的原粒径。将土过筛并进行分类。如试样为粗粒土,则除去大于40mm的颗粒备用;如试样为中粒土,则除去大于25mm或20mm的颗粒备用;如试样为细粒土,则除去大于10mm的颗粒备用。

在预定做试验的前一天,取有代表性的试样测定其风干含水量。对细粒土,试样应不少于100g;对粒径小于25mm的中粒土,试样应不少于1000g;对于粒径小于40mm的粗粒土,试样应不少于2000g。

用击实试验法确定无机结合料混合料的最佳含水率和最大干密度。

(二)试验步骤

1.试件制做

(1)同一无机结合料剂量的混合料,应在相同试验状态下做规定数量的试件;无机结合料稳定细粒土至少制作6个试件;无机结合料稳定中粒土和粗粒土至少分别制作9个和13个试件。

(2)制作步骤

①称取一定数量的风干土并计算土的干质量，按试件尺寸的大小称取不同的数量；对于50mm×50mm的试件，1个试件约需干土180～210g；对于100mm×100mm的试件，1个试件约需干土1700～1900g；对于150mm×150mm的试件，1个试件约需干土5700～6000g。

细粒土一次可称取6个试件的土；中粒土一次可称取3个试件的土；粗粒土一次只能称取1个试件的土。

②将称好的土放在长方盘（约400mm×600mm×70mm）内。向土中加水，对于细粒土（特别是粘性土）使其含水量较最佳含水量小3%，对于中粒土和粗粒土可按最佳含水量加水。将土和水拌和均匀后放在密闭容器内浸润备用。如为石灰稳定土和水泥、石灰综合稳定土，可将石灰与土一起拌匀后进行浸润。

浸润时间：粘性土12～24h；粉性土6～8h；砂性土、砂砾土、红土砂砾、级配砂砾等可缩短到4h左右；含土很少的未筛分碎石、砂砾及砂可以缩短到2h。

③在浸润过的试样中，加入预定数量的水泥或石灰并拌和均匀。拌和过程中，应预留3%的水（对于细粒土）加入土中，使混合料的含水量达到最佳含水量。拌和均匀加水泥的混合料应在1h内按下述方法制成试件，超过1h的混合料应该作废。其它结合料稳定土，混合料虽不受限制，但也应尽快制成试件。

④按预定的干密度制件：用反力框架和液压千斤顶制件。制备一个预定干密度的试件，需要的稳定土混合料数量m_1(g)随试模的尺寸而变。

$$m_1 = \rho_d V(1 + \omega) \tag{2-21}$$

式中：V——试模的体积；

ω——稳定土混合料的含水量，%；

ρ_d——稳定土试件的干密度，g/cm^3。

事先在试模的内壁及上下压柱的底面涂一薄层机油。将试模的下压柱放入试模的下部，外露2cm左右。将称量的规定数量m_2(g)的稳定土混合料分2～3次灌入试模中（利用漏斗），每次灌入后用夯棒轻轻均匀插实。如制作的是50mm×50mm小试件，则可将混合料一次倒入试模中。然后将上压柱放入试模内，应使其也外露2cm左右（即上下压柱露出试模外的部分应该相等）。

将整个试模（连同上下压柱）放到反力框架内的液压千斤顶上（液压千斤顶下应放一扁球座），加压直到上下压柱都压入试模为止。维持压力1min。解除压力后，拿去上压柱，并放到脱模器上将试件顶出（利用千斤顶和下压柱）。称出试件的质量m_2，小试件准确到1g；中试件准确到2g；大试件准确到5g。然后用游标卡尺量出试件的高度，准确到0.1mm。

用击锤制件，步骤同前。只是用击锤（可以利用做击实试验的锤，但压柱顶面需要垫一块牛皮或胶皮，以保护锤面和压柱顶面不受损伤）将上下压柱打入试模内。

⑤养生：试件从试模内脱出并称量后，应立即放到密封湿气箱和恒温室内进行保温保湿养生。但中试件和大试件应先用塑料薄膜包裹。有条件时，可封蜡保湿养生。养生时间根据需要而定，作为工地控制，通常只取7d。整个养生期间的温度，在北方地区应保持20℃±2℃，在南方地区应保持25℃±2℃。

养生期的最后一天，应将试件浸泡在水中，水深应使水面在试件顶上约2.5cm，浸泡在水中之前，应再次称试件的质量m_3。在养生期间，试件的质量损失应该符合下列规定：小试件不超过1g；中试件不超过4g；大试件不超过10g。质量损失超过此规定的试件，应该作废。

2.无侧限抗压强度试验

(1)将已浸水一昼夜的试件从水中取出,用软的旧布吸去试件表面的可见自由水,并称试件的质量 m_4。

(2)用游标卡尺量试件的高度,准确到0.1mm。

(3)将试件放在路面材料强度试验仪的升降台上(台上先放一扁球座),进行抗压试验。试验过程中,应使试件的形变等速增加,并保持形变速率约为1mm/min。记录试件破坏时的最大压力 P(N)。

(4)从试件内部取有代表性的样品(经过打破),测定其含水量 W_1。

(5)试件的无侧限抗压强度 R_e,用下列的相应公式计算:

对于小试件　$R_e = P/A = 0.00051P$(MPa)　(2-22)

对于中试件　$R_e = P/A = 0.000127P$(MPa)　(2-23)

对于大试件　$R_e = P/A = 0.000057P$(MPa)　(2-24)

上述式中:P——试件破坏时的最大压力,N;

A——试件的截面积($A = \pi \times D^2/4$,D 为试件直径,mm)。

(6)精密度或允许差:若干次平行试验的偏差系数 C_v(%)应符合下列规定:

小试件不大于10%;

中试件不大于15%;

大试件不大于20%。

四、结果整理

试验报告应包括以下内容:

1.材料的颗粒组成;

2.水泥的种类和强度等级或石灰的等级;

3.确定最佳含水量时的结合料用量以及最佳含水量(%)和最大干密度(g/cm^3);

4.石灰或水泥剂量(%)或石灰(或水泥)、粉煤灰和集料的比例;

5.试件的干密度(准确到0.01g/cm^3)或压实度;

6.吸水量以及测抗压强度时的含水量(%);

7.抗压强度:小于2.0MPa时,采用两位小数,并用偶数表示;大于2.0MPa时,采用一位小数;

8.若干个试验结果的最大值和最小值、平均值 $\overline{R}_e$、标准差 S、偏差系数 C_v 和95%的概率值 $R_{c0.95} = \overline{R}_e - 1.645S$。

五、上交资料

每人上交一份无机结合料稳定土的无侧限抗压强度试验实训报告(见第101页实训八)。

实训九　水泥和石灰稳定土中水泥或石灰剂量的测定方法

（JTJ 057 T0809—94）

一、目的与适用范围

本试验采用 EDTA 滴定法，该方法适用于在工地上快速测定水泥和石灰稳定土中水泥或石灰的剂量，并可用以检查拌和的均匀性。用于稳定的土可以是细粒土，也可以是中粒土或粗粒土。本方法不受水泥和石灰稳定土龄期（7 天以内）的影响。工地水泥和石灰稳定土含水量的少量变化（±2%），实际上不影响测定结果。用本方法进行一次剂量测定，只需 10min 左右。

本方法也可以用来测定水泥和石灰综合稳定土中结合料的剂量。

二、仪器设备

1. 滴定管（酸式）50mL，1 支；滴定管夹，1 个。
2. 滴定台，1 个。
3. 大肚移液管：10 mL，10 支。
4. 锥形瓶（即三角瓶）：200 mL，20 个。
5. 烧杯：2000 mL（或 1000 mL），一只；300 mL，10 只。
6. 容量瓶：1000 mL，1 个。
7. 搪瓷杯：容量大于 1200 mL，10 只。
8. 不锈钢棒（或粗玻璃棒）：10 只。
9. 量筒：100 mL 和 5 mL 各一只；50 mL，2 只。
10. 棕色广口瓶：60 mL，1 只（装钙红）。
11. 托盘天平：称量 500g、感量 0.5g 和称量 100g、感量 0.1g，各一台。
12. 秒表 1 只。
13. 表面皿：ϕ9cm，10 个；研钵，ϕ12 ~ 13cm，1 个。
14. 土样筛：筛孔 2.0mm 或 2.5mm，1 个。
15. 洗耳球（1 两或 2 两），1 个。
16. 精密试纸：pH12 ~ 14。
17. 聚乙烯桶 20L，1 个（装蒸馏水）；10L，2 个（装氯化铵及 EDTA 二钠标准液）；5L，1 个（装氢氧化钠）。
18. 洗瓶（塑料）500mL，1 只。

三、试验方法与步骤

（一）试验准备

1.试剂

(1)0.1mol/m^3 乙二胺四乙酸二钠(简称 EDTA 二钠)标准液:准确称取 EDTA 二钠(分析纯)37.226g,用微热的无二氧化碳蒸馏水溶解,待全部溶解并冷至室温后,定容至 1 000mL。

(2)10%氯化铵(NH_4Cl)溶液:将 500g 氯化铵(分析纯或化学纯)放在 10L 的聚乙烯桶内,加蒸馏水 4 500mL,充分震荡,使氯化铵完全溶解。也可以分批在 1000mL 的烧杯内配制,然后倒入塑料桶内摇匀。

(3)1.8%氢氧化钠(内含三乙醇胺)溶液:用 100g 架盘天平称 18g 氢氧化钠(分析纯),放入洁净干燥的 1 000mL 烧杯中,加 1 000mL 蒸馏水使其全部溶解,待溶液冷至室温后,加入 2mL 三乙醇胺(分析纯),搅拌均匀后储于塑料桶中。

(4)钙红指示剂:将 0.2g 钙试剂羟酸钠(分子式 $C_{21}H_{13}O_7N_2SNa$,分子量 460.39)与 20g 预先在 105℃烘箱中烘 1h 的硫酸钾混合。一起放入研钵中,研成极细粉末,储于棕色广口瓶中,以防吸潮。

2.准备标准曲线

(1)取样:取工地用石灰和集料。风干后分别过 2mm 或 2.5mm 筛,用烘干法或酒精法测其含水量(如为水泥可假定其含水量为 0%)。

(2)混合料组成的计算

1)公式:干料质量 = 湿料质量/(1 + 含水量)

2)计算步骤:

①干混合料质量 = 300g/(1 + 最佳含水量);

②干土质量 = 干混合料质量/[1 + 石灰(或水泥)剂量];

③干石灰(或水泥)质量 = 干混合料质量 - 干土质量;

④湿土质量 = 干土质量 × (1 + 土的风干含水量);

⑤湿石灰质量 = 干石灰 × (1 + 石灰的风干含水量);

⑥石灰土中应加入的水 = 300g - 湿土质量 - 湿石灰质量。

3)准备 5 种试样,每种 2 个样品(以水泥集料为例):

第一种:称 2 份 300g 集料分别放在 2 个搪瓷杯内,集料的含水量应等于工地预期达到的最佳含水量。集料中所加的水应与工地所用的水相同(300g 为湿质量)。

第二种:准备 2 份水泥剂量为 2%的水泥土混合料试样,每份均重 300g,并分别放在 2 个搪瓷杯内。水泥土混合料的含水量应等于工地预期达到的最佳含水量。混合料中所加的水应与工地所用的水相同。

第三、四、五种:各准备 2 份水泥剂量分别为 4%、6%、8%的水泥土混合料试样,每份均重 300g,并分别放在 6 个搪瓷杯内,其他要求同第一种。

注:①如为细粒土,则每份的质量可以减为 100g。

②在此,准备标准曲线的水泥剂量为:0%、2%、4%、6%和 8%,实际工作中是工地实际所用水泥或石灰的剂量位于准备曲线时所用剂量的中间。

4)取一个盛有试样的搪瓷杯,在杯内加 600mL 10%氯化铵溶液,用不锈钢搅拌棒充分搅拌 3min(每分钟搅 110～120 次)。如水泥(或石灰)土混合料中的土是细粒土,则也可以用 1000mL 具塞三角瓶代替搪瓷杯,手握三角瓶(瓶口向上)用力震荡 3min(每分钟 120 次 ±5 次),以代替搅拌棒搅拌。放置沉淀 4min(如 4min 后得到的是混浊悬浮液,则应增加放置沉淀时间,直到出现澄清悬浮液为止,并记录所需的时间,以后所有该种水泥(或石灰)土混合料的试验,均以同一时间为准),然后将上部清液转移到 300mL 烧杯中,搅匀,加盖表面皿待测。

注:当仅用 100g 混合料时,只需 200mL 10%氯化铵溶液。

5)用移液管吸取上层(液面下 1～2cm)悬浮液 10mL 放入 200mL 的三角瓶内,用量筒量取 50mL 1.8%氢氧化钠(内含三乙醇胺)溶液倒入三角瓶中,此时溶液 pH 值为 12.5～13.0(可用 pH 值为 12～14 精密试纸检验),然后加入钙红指示剂(体积约为黄豆大小),摇匀,溶液呈玫瑰红色。用 EDTA 二钠标准液滴定至纯蓝色,记录 EDTA 二钠的耗量(以 mL 计,精确至0.1mL)。

6)对其它几个搪瓷杯中的试样,用同样的方法进行试验,并记录各自的 EDTA 二钠的耗量。

7)以同一水泥或石灰剂量混合料消耗的 EDTA 二钠毫升数的平均值为纵坐标,以水泥或石灰剂量(%)为横坐标制图。两者的关系应是一根顺滑的曲线,如图 2-11 所示。如素集料或水泥或石灰改变,必须重做标准曲线。

(二)试验步骤

1.选取有代表性的水泥土或石灰土混合料,称 300g 放在搪瓷杯中,用搅拌棒将结块搅散,加 600mL 10%氯化铵溶液,然后如前述步骤那样进行试验。

2.利用所绘制的标准曲线,根据所消耗的 EDTA 二钠毫升数,确定混合料中的水泥或石灰剂量(参见图 2-11)。

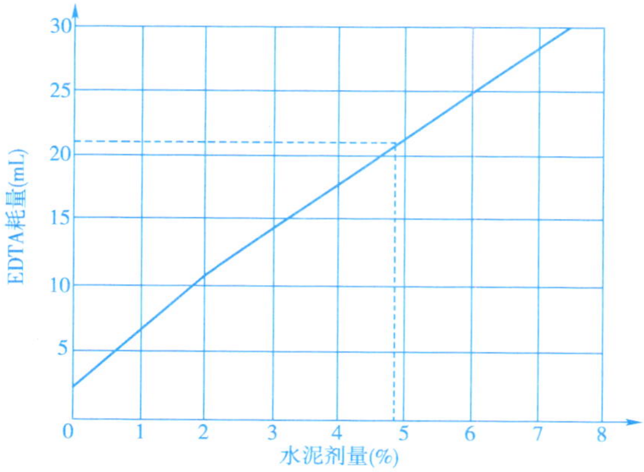

图 2-11　标准曲线

四、上交资料

每人上交一份水泥或石灰稳定土中水泥或石灰剂量的测定方法实训报告(见第 103 页实训九)。

实 训 报 告

实训一(Ⅰ)

日期：　　　　班级：　　　　组别：　　　　姓名：　　　　学号：

实训题目	石灰有效 CaO 含量试验	成绩	
实训目的			
主要仪器			

试验次数	称量瓶号	空瓶质量 m_0(g)	瓶+试样质量 m_1(g)	试样质量 G(g)	盐酸当量浓度 N	消耗盐酸体积 V(mL)	石灰中有效 CaO 含量(%)	
①	②	③	④	⑤=④-③	⑥	⑦	单值	平均值
1								
2								

实训总结

〔附〕**盐酸浓度标定**

1.0.5N 盐酸标准溶液：将 42mL 浓盐酸(相对密度 1.19)稀释至 1L，按下述方法标定其当量浓度。

2.称取约 0.800～1.000g(准确至 0.0002g)已在 180℃温度下烘干 2h 的碳酸钠，置于 250mL 三角瓶中，加入 100mL 水使其完全溶解。

3.加入 2～3 滴 0.1%甲基橙指示剂，用待标定的盐酸标准溶液滴定，至碳酸钠溶液由黄色变为橙红色。将溶液加热至沸，并保持微沸 3min，然后放在冷水中冷却至室温，如此时橙红色变为黄色，则再用盐酸标准溶液滴定，直至溶液出现稳定橙红色时为止。记录盐酸耗量(mL)。

盐酸标准溶液的准确当量浓度按下式计算：

$$N=\frac{Q}{V\times 0.053} \tag{2-25}$$

式中：N——盐酸标准溶液的当量浓度；

Q——称取碳酸钠的质量，g；

V——滴定时消耗盐酸标准溶液的体积，mL；

0.053——无水碳酸钠的毫克当量。

上交实训报告，请学生沿此线撕下

实训报告

实训一(II)

日期：　　　　班级：　　　　组别：　　　　姓名：　　　　学号：

实训题目	**石灰 MgO 含量试验**	成绩	
实训目的			
主要仪器			

试验次数	称量瓶号	空瓶质量 m_0(g)	瓶+试样质量 m_1(g)	试样质量 G(g)	EDTA 二钠标准溶液对 MgO 的滴定度 T_{MgO}	滴定钙镁合量耗用的 EDTA 体积 V_1 (mL)	滴定钙含量耗用的 EDTA 体积 V_2 (mL)	石灰中的 MgO 含量(%)	
①	②	③	④	⑤=④-③	⑥	⑦	⑧	单值	平均值
1									
2									

实训总结

上交实训报告，请学生沿此线撕下

实 训 报 告

实训二

上交实训报告，请学生沿此线撕下

日期：　　　班级：　　　组别：　　　姓名：　　　学号：

实训题目	**水泥细度检验方法**(80μm 筛筛析法)	成绩	
实训目的			
主要仪器			

水泥细度试验

试验次数	筛析用试样质量 m(g)	在 80μm 筛上筛余物质量 R_s(g)	筛余百分数 F(%)
①	②	③	④=③/②
1			
2			

实训总结

实训报告

实训三

上交实训报告，请学生沿此线撕下

日期：　　　　班级：　　　　组别：　　　　姓名：　　　　学号：

实训题目	水泥标准稠度用水量、凝结时间和安定性试验	成绩	
实训目的			
主要仪器			

1.标准法

试验次数	标准稠度用水量试验		凝结时间试验		安定性试验
	试杆下沉深度（mm）	标准稠度用水量 P(%)	初凝时间 T_i（min）	终凝时间 T_t（min）	雷氏法沸煮后两试件指针尖端增加距离（mm）
1					
2					

2.代用法

试验次数	标准稠度用水量试验		凝结时间试验		安定性试验
	试锥下沉深度 s(mm)	标准稠度用水量 P(%)	初凝时间 T_i（min）	终凝时间 T_t（min）	试饼法
1					
2					

实训总结

实 训 报 告

实训四

上交实训报告，请学生沿此线撕下

日期：　　　　班级：　　　　组别：　　　　姓名：　　　　学号：

<table>
<tr><td>实训题目</td><td colspan="7">水泥胶砂强度检验方法(ISO 法)</td><td colspan="2">成绩</td><td colspan="3"></td></tr>
<tr><td>实训目的</td><td colspan="12"></td></tr>
<tr><td>主要仪器</td><td colspan="12"></td></tr>
<tr><td rowspan="4">试件编号</td><td rowspan="4">试件龄期(d)</td><td colspan="5">抗　折　强　度</td><td rowspan="4">试件编号</td><td colspan="4">抗压强度</td><td rowspan="4">水泥强度等级</td></tr>
<tr><td rowspan="3">破坏荷载 F_f(N)</td><td rowspan="3">支点间距 L(mm)</td><td>试件尺寸</td><td colspan="2" rowspan="2">抗折强度 R_f(MPa)</td><td rowspan="3">破坏荷载 F_c(N)</td><td rowspan="3">受压面积 A(mm^2)</td><td colspan="2" rowspan="2">抗压强度 R_c(MPa)</td></tr>
<tr><td rowspan="2">正方形截面边长 b(mm)</td></tr>
<tr><td>单值</td><td>均值</td><td>单值</td><td>均值</td></tr>
<tr><td rowspan="2">1</td><td rowspan="2"></td><td rowspan="2"></td><td rowspan="2"></td><td rowspan="2"></td><td rowspan="2"></td><td rowspan="6"></td><td>1</td><td></td><td></td><td></td><td rowspan="6"></td><td></td></tr>
<tr><td>2</td><td></td><td></td><td></td><td></td></tr>
<tr><td rowspan="2">2</td><td rowspan="2"></td><td rowspan="2"></td><td rowspan="2"></td><td rowspan="2"></td><td rowspan="2"></td><td>3</td><td></td><td></td><td></td><td></td></tr>
<tr><td>4</td><td></td><td></td><td></td><td></td></tr>
<tr><td rowspan="2">3</td><td rowspan="2"></td><td rowspan="2"></td><td rowspan="2"></td><td rowspan="2"></td><td rowspan="2"></td><td>5</td><td></td><td></td><td></td><td></td></tr>
<tr><td>6</td><td></td><td></td><td></td><td></td></tr>
<tr><td colspan="13">实训总结</td></tr>
</table>

实训报告

实训五(Ⅰ)

上交实训报告，请学生沿此线撕下

日期：　　　　班级：　　　　组别：　　　　姓名：　　　　学号：

实训题目	**粉煤灰二氧化硅含量测定试验**	成绩	
实训目的			
主要仪器			

	试验次数	粉煤灰的质量 m_1(g)	灼烧后未经氢氟酸处理的沉淀及坩埚的质量 m_2(g)	用氢氟酸处理并经灼烧后的残渣及坩埚的质量 m_3(g)	纯二氧化硅含量 $X_{纯SiO_2}$(%)	
纯二氧化硅的测定					单值	平均值
	1					
	2					

	试验次数	粉煤灰的质量 m_1(g)	可溶性 SiO_2 测定 100mL 溶液中 SiO_2 的含量 m_4(g)	可溶性二氧化硅含量 $X_{可溶SiO_2}$(%)	
可溶性二氧化硅的测定				单值	平均值
	3				
	4				

总二氧化硅含量(%)

实训总结

实训报告

实训五(II)

日期：　　　　班级：　　　　组别：　　　　姓名：　　　　学号：

实训题目	粉煤灰中三氧化二铁含量测定试验		成绩		
实训目的					
主要仪器					
试验次数	粉煤灰的质量 m_1(g)	每毫升 EDTA 标准滴定溶液相当于 Fe_2O_3 的毫克数 $T_{Fe_2O_3}$(mg/mL)	滴定时消耗的 EDTA 标准滴定溶液的体积 V_2(mL)	三氧化二铁含量 $X_{Fe_2O_3}$(%)	
				单值	平均值
1					
2					

实训总结

上交实训报告，请学生沿此线撕下

实训报告

实训五(III)

日期：　　　班级：　　　组别：　　　姓名：　　　学号：

实训题目	粉煤灰中三氧化二铝含量测定试验			成绩	
实训目的					
主要仪器					

试验次数	粉煤灰的质量 m_1(g)	每毫升 EDTA 标准滴定溶液相当于 Al_2O_3 的毫克数 $T_{Al_2O_3}$(mg/mL)	滴定时消耗的 EDTA 标准滴定溶液中体积 V_2(mL)	三氧化二铝含量 $X_{Al_2O_3}$(%)	
				单值	平均值
1					
2					

实训总结

上交实训报告，请学生沿此线撕下

实 训 报 告

实训六

上交实训报告，请学生沿此线撕下

日期：　　　　班级：　　　　组别：　　　　姓名：　　　　学号：

实训题目	粉煤灰烧失量试验	成绩	
实训目的			
主要仪器			

灼烧温度(℃)		
试验次数		
粉煤灰试样的质量 m_1(g)		
灼烧后试样加坩埚质量 m_2(g)		
空坩埚质量 m_0(g)		
烧失量 $X_{LOI}(\%)[m_1-(m_2-m_0)]/m_1$		
平均值(%)		

实训总结

实训报告

实训七

日期：　　　　班级：　　　　组别：　　　　姓名：　　　　学号：

实训题目	**粉煤灰细度试验**	成绩	
实训目的			
主要仪器			

试验次数	1	2	备注
筛前试样总质量 m_1(g)			
水洗后试样筛余质量 m_2(g)			
细度(%)$[(m_1 - m_2)/m_1] \times 100$			
细度平均值(%)			

实训总结

上交实训报告，请学生沿此线撕下

实训报告

实训八

日期：　　　　班级：　　　　组别：　　　　姓名：　　　　学号：

实训题目	无机结合料稳定土无侧限抗压强度试验	成绩	
实训目的			
主要仪器			

试件编号	试模尺寸(mm)	成型日期	龄期(天)	试验日期	成型后试件测定					饱水养生		饱水后试件测定						抗压强度(MPa)
					试件重量(g)	试件高(mm)	湿密度(g/cm^3)	含水量(%)	干密度(g/cm^3)	饱水前试件重(g)	养生期间质量(g)	试件质量(g)	试件高(mm)	湿密度(g/cm^3)	含水量(%)	干密度(g/cm^3)	破坏时最大压力(kN)	
1																		
2																		
3																		
4																		
5																		
6																		
7																		
8																		
9																		

结果	试件个数	平均值 R(MPa)	标准差	偏差系数 C_v(%)	$R_d/(1-Z_a \times C_v)$	评定 $\overline{R} \geq R_d/(1-Z_a \times C_v)$

实训总结

实训报告

实训九

日期：　　　　班级：　　　　组别：　　　　姓名：　　　　学号：

实训题目	水泥(石灰)稳定土中水泥(石灰)剂量测定试验			成绩	
实训目的					
主要仪器					

桩号	滴定前读数 V_0(mL)	滴定前读数 V_1(mL)	消耗 EDTA 量 V_2(mL)	查标准曲线水泥剂量(%)

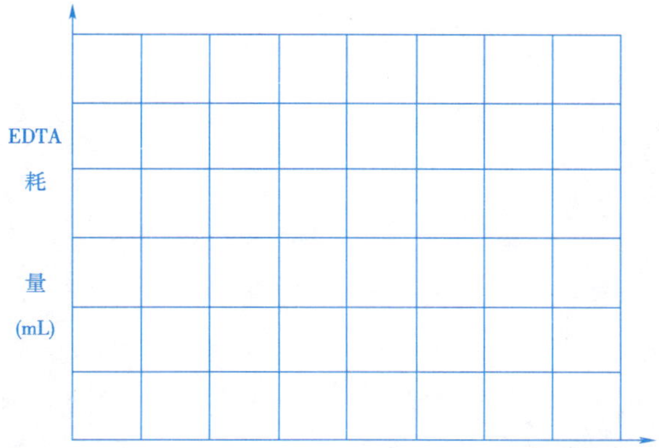

标准曲线

实训总结

上交实训报告，请学生沿此线撕下

第三章　水泥混凝土和砂浆试验实训指导

实训一　水泥混凝土拌和物的拌和与现场取样方法

（JTG E30 T0521—2005）

一、目的和适用范围

本方法规定了在常温环境中室内水泥混凝土拌和物的拌和与现场取样方法。

轻质水泥混凝土、防水水泥混凝土、碾压水泥混凝土等其它特种水泥混凝土的拌和与现场取样方法，可以参照本方法进行，但因其特殊性所引起的对试验设备及方法的特殊要求，均应遵照这些水泥混凝土的有关技术规定进行。

二、仪器设备

1.搅拌机：自由式或强制式。

2.振动台：符合《混凝土试验用振动台》要求。

3.磅秤：感量满足称量总量1%的磅秤。

4.天平：感量满足称量总量0.5%的天平。

5.其它：铁板、铁铲等。

三、试验方法与步骤

（一）试验准备

1.所有材料均应符合有关要求，拌和前材料应置于温度20℃±5℃下。

2.为防止粗集料的离析，可将集料按不同粒径分开，使用时再按一定比例混合。试样从抽取至试验完毕过程中，避免风吹日晒，必要时应采取保护措施。

（二）试验步骤

1.水泥混凝土拌和物的拌和

(1)拌和时保持室温20℃±5℃。

(2)拌和物的总量至少应比所需量高20%以上。拌制混凝土的材料用量应以质量计，称量的精确度：集料为±1%，水、水泥、掺合料和外加剂为±0.5%。

(3)粗集料、细集料均以干燥状态为基准，计算用水量时应扣除粗集料、细集料中的含水量。

注：干燥状态是指含水率小于0.5%的细集料和含水率小于0.2%的粗集料。

(4)外加剂的加入。

对于不溶于水或难溶于水且不含潮解型盐类的外加剂，应先与一部分水泥拌和，以保证充分分散。

对于不溶于水或难溶于水但含潮解型盐类的外加剂，应先与细集料拌和。对于水溶性或液体外加剂，应先与水拌和。

其它特殊外加剂，应遵守有关规定。

(5)拌制混凝土所用各种用具如铁板、铁铲、抹刀，应预先用水润湿，使用完后必须清洗干净。

(6)使用搅拌机前，应先用少量砂浆涮膛，再刮出涮膛砂浆，以避免正式拌和混凝土时水泥砂浆粘附筒壁造成损失。涮膛砂浆的水灰比及砂灰比，应与正式的混凝土配合比相同。

(7)用搅拌机拌和时，拌和量宜为搅拌机公称容量的1/4~3/4之间。

(8)搅拌机搅拌：按规定称好原材料，往搅拌机内顺序加入粗集料、细集料和水泥，开动搅拌机，将材料拌和均匀。在拌和过程中徐徐加水，全部加料时间不宜超过2min。水全部加入后，继续拌和约2min，尔后将拌和物倾倒在铁板上，再经人工翻拌1~2min，务必使拌和物均匀一致。

(9)人工拌和：采用人工拌和时，先用湿布将铁板、铁铲润湿，再将称好的砂和水泥在铁板上干拌均匀，加入粗集料，再混合搅拌均匀。尔后将此拌和物堆成长堆，中心扒长槽，将称好的水倒入约一半，将其与拌和物仔细拌匀，再将材料堆成长堆，扒长槽，倒入剩余的水，继续进行拌和，来回翻拌至少6遍。

(10)从试样制备完毕到开始做各项性能试验不宜超过5 min(不包括成型试件)。

2.现场取样

(1)新混凝土现场取样：凡在搅拌机、料斗、运输小车以及浇制的构件中采取新拌混凝土代表性样品时，均须从三处以上的不同部位抽取大致相同份量的代表性样品(不要抽取已经离析的混凝土)，集中用铁铲翻拌均匀，尔后立即进行拌和物的试验。拌和物取样量应多于试验所需数量的1.5倍，其体积不小于20L。

(2)为使取样具有代表性，宜采用多次采样的方法，最后集中用铁铲翻拌均匀。

(3)从第一次取样到最后一次取样不宜超过15 min。取回的混凝土拌和物应经过人工再次翻拌均匀，尔后进行试验。

实训二　水泥混凝土拌和物稠度试验(坍落度仪法)

(JTG E30 T0522—2005)

一、目的与适用范围

坍落度是表示混凝土拌和物稠度的一种指标,本试验适用于坍落度大于 10mm,集料公称粒径不大于 31.5mm 的混凝土。

二、仪器设备

1.坍落筒:如图 3-1 所示,坍落筒为铁板制成的截头圆锥筒,厚度不小于 1.5mm,内侧平滑,没有铆钉头之类的突出物,在筒上方约 2/3 高度处有两个把手,两侧近下端焊有两个踏脚板。

2.捣棒:直径 16mm,长约 600mm,并具有半球形端头的钢质圆棒。

3.其它:小铲、木尺、小钢尺、镘刀和钢平板等。

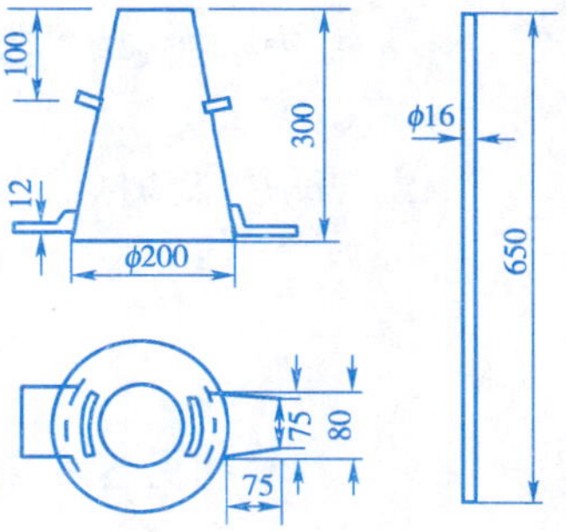

图 3-1　坍落筒及捣棒

(尺寸单位:mm)

三、试验方法与步骤

1.试验前将坍落筒内外洗净,放在经水润湿过的平板上(平板吸水时应垫塑料布),踏紧踏脚板。

2.将代表样分三层装入筒内,每层装入高度稍大于筒高的 1/3,用捣棒在每一层的横截面上均匀插捣 25 次,插捣在全部面积上进行,沿螺旋线边缘至中心,插捣底层时插至底部,插捣其它两层时,应插透本层并插入下层约 20 ~ 30mm,插捣需垂直压下(边缘部分除外),不得冲击。

在插捣顶层时,装入的混凝土应高出坍落筒,随插捣过程随时添加拌和物,当顶层插捣完毕后,将捣棒用锯和滚的动作,以清除掉多余的混凝土,用镘刀抹平筒口,刮净筒底周围的拌和物,尔后立即垂直地提起坍落筒,提筒在 5 ~ 10s 内完成,并使混凝土不受横向及扭力作用。

从开始装筒至提起坍落筒的全过程应在 150s 内完成。

3.如图 3-2 所示,将坍落筒放在锥体混凝土试样一旁,筒顶平放木尺,用小钢尺量出木尺底面至试样顶面最高点的垂直距离,即为该混凝土拌和物的坍落度,精确至 1mm。

4.当混凝土试件的一侧发生崩坍或一侧剪切破坏,则应重新取样另测。如果第二次仍发生上述情况,则表示该混凝土和易性不好,应记录。

5.当混凝土拌和物的坍落度大于 220mm 时,用钢尺测量混凝土扩展后最终的最大直径和最小直径，在这两个直径之差小于50mm的条件下，用其算术平均值作为坍落扩展度值；否则，此次试验无效。

6.坍落度试验同时，可用目测方法评定混凝土拌和物的下列性质，并记录。

(1)棍度：按插捣混凝土拌和物时难易程度评定，分“上”、“中”、“下”三级：

“上”：表示插捣容易；

“中”：表示插捣时稍有石子阻滞的感觉；

“下”：表示很难插捣。

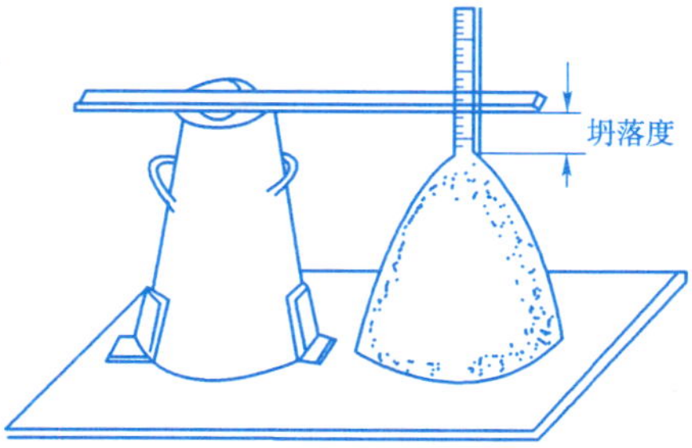

图3-2 坍落度测定

(2)含砂情况：按拌和物外观含砂多少而评定，分“多”、“中”、“少”三级：

“多”：表示用镘刀抹拌和物表面时，一两次即可使拌和物表面平整无蜂窝；

“中”：表示抹五、六次才可使表面平整无蜂窝；

“少”：表示抹面困难，不易抹平，有空隙及石子外露等现象。

(3)粘聚性：观测拌和物各组成成分相互粘聚的情况。评定方法是用捣棒在已坍落的混凝土锥体一侧轻打，如锥体在轻打后渐渐下沉，表示粘聚性良好；如锥体突然倒坍，部分崩裂或发生石子离析现象，则表示粘聚性不好。

(4)保水性：指水分从拌和物中析出的情况，分“多量”、“少量、“无”三级评定：

“多量”：表示提起坍落筒后，有较多水分从底部析出；

“少量”：表示提起坍落筒后，有少量水分从底部析出；

“无”：表示提起坍落筒后，没有水分从底部析出。

四、结果整理

混凝土拌和物坍落度和坍落扩展度值以mm为单位，结果修约至最接近的5mm。

五、上交资料

每人上交一份水泥混凝土拌和物稠度试验(坍落度仪法)实训报告(见第121页实训二)。

实训三　水泥混凝土拌和物稠度试验(维勃仪法)

(JTG E30 T0523—2005)

一、目的与适用范围

本试验用维勃时间来测定混凝土拌和物的稠度，适用于集料公称最大粒径不大于

31.5mm 的混凝土及维勃时间在 5 ~ 30s 之间的干硬性混凝土的稠度测定。

二、仪器设备

1.稠度仪(维勃仪):如图 3-3 所示。

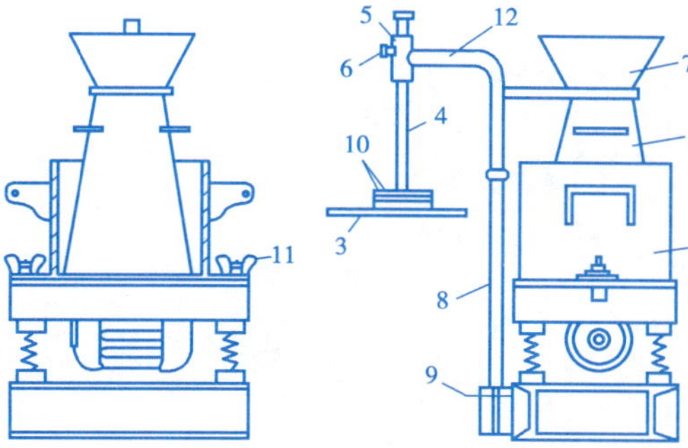

图 3-3 维勃稠度仪

1-容器;2-坍落度筒;3-透明圆盘;4-滑棒;5-套筒;6-螺栓;7-漏斗;8-支柱;9-定位螺丝;10-荷重;11-元宝螺丝;12-旋转架

(1)容器:为金属圆筒,内径 240mm ± 3mm,高 200mm,壁厚 3mm,底厚 7.5mm,容器应不漏水并有足够刚度,上有把手,底部外伸部分可用螺母将其固定在振动台上。

(2)坍落度筒:为截头圆锥,筒底部直径 200mm ± 2mm,顶部直径 100mm ± 2mm,高度 300mm ± 2mm,壁厚不小于 1.5mm,上下开口并与锥体轴线垂直,内壁光滑,筒外安装有把手。

(3)圆盘:用透明塑料制成,上装有滑棒,滑棒可以穿过套筒垂直滑动。套筒装在一个可用螺栓固定位置的旋转悬臂上,悬臂上还装有一个漏斗。坍落筒在容器中放好后,转动悬臂,使漏斗底部套在坍落筒上口,旋壁装在支柱上,可用定位螺丝固定位置,滑棒和漏斗的轴线应与容器的轴线重合。

圆盘直径 230mm ± 2mm,厚 10mm ± 2mm,圆盘、滑棒及荷重在一起的滑动部分质量为 2750g ± 50g,滑棒刻度可测量坍落度值。

(4)振动台:工作频率 50Hz,空载振幅 0.5mm,上有固定螺丝。

2.其它:捣棒、秒表、镘刀等。

三、试验方法与步骤

1.将容器用螺母固定在振动台上,放入坍落筒,把漏斗转动坍落筒上口,拧紧螺丝,使漏斗不偏离开坍落筒口。

2.按坍落度试验步骤,分三层装拌和物,每层捣 25 次,捣毕第三层混凝土后,拧松螺丝,把漏斗转回原先位置并将筒模上的混凝土刮平,轻轻提起筒模。

3.拧紧螺丝,使圆盘可定向地向下滑动,开动振动台并按动秒表,通过观察透明圆盘混凝土的振实情况。当圆盘底面刚为水泥浆布满时,迅速按停秒表并关闭振动台,记下秒表时间。

4.仪器每测试一次后,必须将容器、筒模及透明圆盘洗净擦干,并在滑棒等处涂薄层黄油，以备下次使用。

四、结果整理

秒表所记录的时间即为混凝土拌和物稠度的维勃时间，精确到 1s，以两次试验结果平均值作为结果。

水泥混凝土稠度对照及分级表见表 3-1。

水泥混凝土稠度对照及分级表 表 3-1

级　别	维勃时间(s)	坍落度(mm)	级　别	维勃时间(s)	坍落度(mm)
特干硬	≥31	—	低塑	10～5	50～90
很干稠	30～21	—	塑性	≤4	100～150
干稠	20～11	10～40	流态	—	>160

五、上交资料

每人上交一份水泥混凝土拌合物稠度试验(维勃仪法)实训报告(见第 123 页实训三)。

实训四　水泥混凝土立方体抗压强度试验

(JTG E30 T0553—2005)

一、目的与适用范围

本试验规定了测定混凝土抗压极限强度的方法，以确定混凝土的强度等级，作为评定混凝土品质的主要指标。

二、仪器设备

1. 拌和机：自由式或强制式。

2. 振动器：标准振动台，频率 3000 次/min ± 200 次/min，负荷下的振幅为 0.35mm，空载时的振幅为 0.5mm；平板振动器，功率一般为 1.1kW。

3. 压力机或万能试验机：上下压板平整并有足够刚度，可以均匀、连续地加荷卸荷，可以保持固定荷载，能够满足试件破型吨位要求。

4. 球座：钢质坚硬，转动灵活。球座最好放置在试件顶面(特别是棱柱试件)，并凸面朝上，当试件均匀受力后，一般不宜再敲动球座。

5. 试模：由铸铁或钢制成，试件尺寸(试模内部尺寸)见表 3-2。

抗压强度试件尺寸　　表 3-2

集料公称最大粒径（mm）	试件尺寸（mm）	集料公称最大粒径（mm）	试件尺寸（mm）
31.5	150×150×150	53	200×200×200
26.5	100×100×100		

混凝土强度等级大于等于 C60 时，试验机上、下压板之间应各垫一钢垫板，平面尺寸应不小于试件的承压面，其厚度至少为 25mm。钢垫板应机械加工，其平面度允许偏差为±0.04mm；表面硬度大于等于 55HRC；硬化层厚度约为 5mm。试件周围应设置防崩裂网罩。

三、试验方法与步骤

（一）试验准备

1.混凝土抗压强度试件以边长 150mm 的正立方体为标准试件，其集料公称最大粒径为 31.5mm。

2.混凝土抗压强度采用非标准试件时，其集料粒径应符合相应的规定。

3.混凝土抗压强度试件同龄期者应为一组，每组为 3 个同条件制作和养护的混凝土试块。

（二）试验步骤

1.取出试件，先检查其尺寸及形状，相对两面应平行，表面倾斜偏差不得超过 0.5mm。量出棱边长度，精确至 1mm。试件受力截面积按其与压力机上下接触面的平均值计算。在破型前，保持试件原有湿度，在试验时擦干试件。

2.以成型时的侧面为上下受压面，试件要放在球座上，球座置于压力机中心，几何对中（指试件或球座偏离机台中心在 5mm 以内，下同）。强度等级小于 C30 的混凝土取 0.3～0.5MPa/s 的加荷速度；强度等级大于 C30 且小于 C60 时，则取 0.5～0.8MPa/s 的加荷速度；强度等级大于 C60 时，则取 0.8～1.0MPa/s 的加荷速度。当试件接近破坏而开始迅速变形时，应停止调整试验机油门，直至试件破坏，记下破坏极限荷载 F(N)。

四、结果整理

1.混凝土立方体试件抗压强度按下式计算：

$$f_{cu} = \frac{F}{A} \tag{3-1}$$

式中：f_{cu}——混凝土抗压强度，MPa；

F——试件破坏荷载，N；

A——受压面积，mm^2。

2.以三个试件测值的算术平均值作为测定值。三个测值中的最大值和最小值中如有一个与中间值的差值超过中间值的 15% 时，则把最大值和最小值一并舍去，取中间值为结果；如最大值和最小值与中间值的差值均超过中间值的 15%，则该组试验结果无效。

混凝土强度等级小于 C60 时，非标准试件的抗压强度应乘以尺寸换算系数（见表 3-3），并应在报告中注明。当混凝土强度大于等于C60时，宜用标准试件；使用非标准试件，换算系数由试验确定。

结果计算精确至0.1MPa。

立方体抗压强度尺寸换算系数表　　表3-3

试件尺寸(mm)	尺寸换算系数(mm)	试件尺寸(mm)	尺寸换算系数(mm)
100×100×100	0.95	200×200×200	1.05
150×150×150	1.00		

五、上交资料

每人上交一份水泥混凝土立方体抗压强度试验实训报告(见第125页实训四)。

实训五　水泥混凝土抗弯拉强度试验

(JTG E30 T0558—2005)

一、目的与适用范围

本试验规定了测定混凝土抗弯拉极限强度的方法，以提供设计参数，检查混凝土施工品质和确定抗折弹性模量试验加荷标准。

本方法适用于各类水泥混凝土棱柱体试件。

二、仪器设备

1.压力机或万能试验机：应符合相应的规定。

2.抗弯拉试验装置(即三分点处双点加荷和三点自由支承式混凝土抗弯拉强度与抗弯拉弹性模量试验装置)：如图3-4所示。

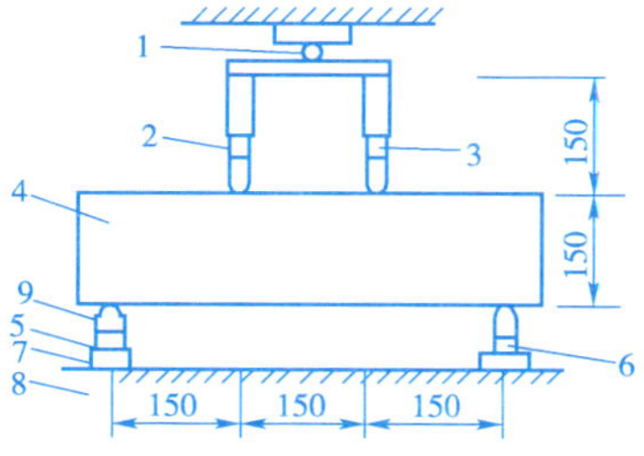

图3-4　抗弯拉试验装置图(尺寸单位：mm)

1、2、6-一个钢球；3、5-两个钢球；4-试件；7-活动支座；8-机台；9-活动船形垫块

三、试验方法与步骤

(一)试验准备

1.试件尺寸应符合表3-4的规定,同时在试件长向中部1/3区段表面上不得有直径超过5mm、深度超过2mm的孔洞。

抗弯拉强度试件尺寸　　表3-4

集料公称最大粒径(mm)	试件尺寸(mm)	备　注
31.5	150×150×550	标准尺寸
	150×150×600	标准尺寸
26.5	100×100×400	非标准尺寸

2.混凝土抗弯拉强度试件应取同龄期者为一组,每组3根同条件制作和养护的试件。

(二)试验步骤

1.试件取出后,用湿毛巾覆盖并及时进行试验,保持试件干湿状态不变。在试件中部量出其宽度和高度,精确至1mm。

2.调整两个可移动支座,将试件安放在支座上,试件成型时的侧面朝上,几何对中后,务必使支座及承压面与活动船形垫块的接触面平稳、均匀,否则应垫平。

3.加荷时,应保持均匀、连续。当混凝土的强度等级小于C30时,加荷速度为0.02~0.05MPa/s;当混凝土的强度等级大于等于C30且小于C60时,加荷速度为0.05~0.08MPa/s;当混凝土的强度等级大于等于C60时,加荷速度为0.08~0.10MPa/s。当试件接近破坏而开始迅速变形时,不得调整试验机油门,直至试件破坏,记下破坏极限荷载F(N)。

4.记录下最大荷载和试件下边缘断裂的位置。

四、结果整理

1.当断面发生在两个加荷点之间时,抗弯拉强度

$$f_f = \frac{FL}{bh^2} \tag{3-2}$$

式中:f_f——抗弯拉强度(MPa);

F——极限荷载(N);

L——支座间距离(mm);

b——试件宽度(mm);

h——试件高度(mm)。

2.以3个试件测值的算术平均值作为测定值。3个试件中最大值或最小值中如有一个与中间值之差超过中间值的15%,则把最大值和最小值舍去,以中间值作为试件的抗弯拉强度;如最大值和最小值与中间值之差值均超过中间值15%,则该组试验结果无效。

3个试件中如有一个断裂面位于加荷点外侧,则混凝土抗弯拉强度按另外两个试件的试验结果计算。如果这两个测值的差值不大于这两个测值中较小值的15%,则以两个测值的

平均值为测试结果，否则结果无效。

如果有两根试件均出现断裂面位于加荷点外侧，则该组结果无效。

注：断面位置在试件断块短边一侧的底面中轴线上量得。

抗弯拉强度计算精确到 0.01 MPa。

3.采用 100mm × 100mm × 400mm 非标准试件时，三分点加荷的试验方法同前，但所得的抗弯拉强度值应乘以尺寸换算系数 0.85。当混凝土强度等级大于等于 C60 时，应采用标准试件。

五、上交资料

每人上交一份水泥混凝土抗弯拉强度试验实训报告（见第 127 页实训五）。

实训六　水泥混凝土立方体劈裂抗拉强度试验

（JTG E30 T0560—2005）

一、目的与适用范围

本方法规定了测定水泥混凝土立方体试件的劈裂抗拉强度的方法和步骤。本方法适用于各类水泥混凝土的立方体试件。

二、仪器设备

1.压力机或万能试验机：应符合规范的规定。

2.劈裂钢垫条和三合板垫层（或纤维板垫层），如图 3-5 所示。钢垫条顶面为半径 75mm 的弧形，长度不短于试件边长。木质三合板或硬质纤维板垫层的宽度为 20mm，厚为 3 ~ 4mm，长度不小于试件长度，垫层不得重复使用。

3.钢尺：分度值为 1mm。

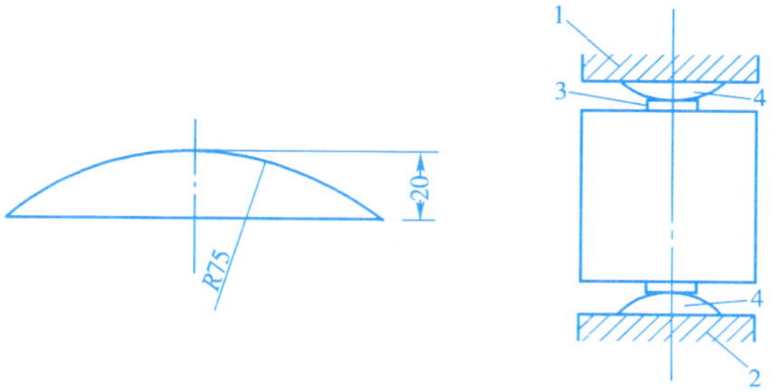

图 3-5　劈裂试验用钢垫条（尺寸单位：mm）

1-上压板；2-下压板；3-垫层；4-垫条

三、试验方法与步骤

(一)试验准备

1.试件尺寸应符合规范规定:标准尺寸:150mm×150mm×150mm(31.5);非标准尺寸:100mm×100mm×100mm(26.5)。

2.本试件应将同龄期者分为一组,每组为3个同条件制作和养护的混凝土试块。

(二)试验步骤

1.至试验龄期时,自养护室取出试件,用湿布覆盖,避免其湿度变化。检查外观,在试件中部画出劈裂面位置线,劈裂面与试件成型时的顶面垂直。尺寸测量精确至1mm。

2.试件放在球座上,几何对中,放妥垫层垫条,其方向与试件成型时顶面垂直。

3.当混凝土的强度等级小于C30时,加荷速度为0.02~0.05MPa/s;当混凝土的强度等级大于等于C30且小于C60时,加荷速度为0.05~0.08MPa/s;当混凝土的强度等级大于等于C60时,加荷速度为0.08~0.10MPa/s。当试件接近破坏而开始迅速变形时,不得调整试验机油门,直至试件破坏,记下破坏极限荷载F(N)。

四、结果整理

1.混凝土立方体劈裂抗压强度f_{ts}按下式计算:

$$f_{ts} = \frac{2F}{\pi A} = 0.637\frac{F}{A} \tag{3-3}$$

式中:f_{ts}——混凝土立方体劈裂抗拉强度,MPa;

F——极限荷载,N;

A——试件劈裂面面积,为试件横截面面积,mm^2。

2.劈裂抗拉强度测定值的计算及异常数据的取会原则为:以3个试件测值的算术平均值作为测定值。如3个试件中最大值或最小值中有一个与中间值的差值超过15%时,则取中间值为测定值;如两个测值与中间值的差值均超过上述规定时,则该组试验结果无效。计算结果精确到0.01MPa。

3.试验报告

试验报告应包括以下内容:

(1)要求检测的项目名称、执行标准;

(2)原材料的品种、规格和产地;

(3)试验日期及时间;

(4)仪器设备的名称、型号及编号;

(5)环境温度和湿度;

(6)立方体试件的劈裂抗拉强度值;

(7)要说明的其它内容。

五、上交资料

每人上交一份水泥混凝土立方体劈裂抗拉强度试验方法实训报告(见第129页实训六)。

实训七　砂浆稠度试验

一、目的与适用范围

测定砂浆在自重力和外力作用下的流动性能。稠度值小表示砂浆干稠,其流动性能较差。

二、仪器设备

1.砂浆稠度仪:由试锥、容器、和支座三部分组成,如图3-6所示。试锥由钢材或铜材制成,试锥高度为150mm,锥底直径为75mm,试锥连同滑杆的质量应为300g;盛砂浆容器由钢板制成,筒高180mm,锥底内径150mm;支座分底座、支架及稠度显示三个部分,由铸铁、钢及其它金属制成。

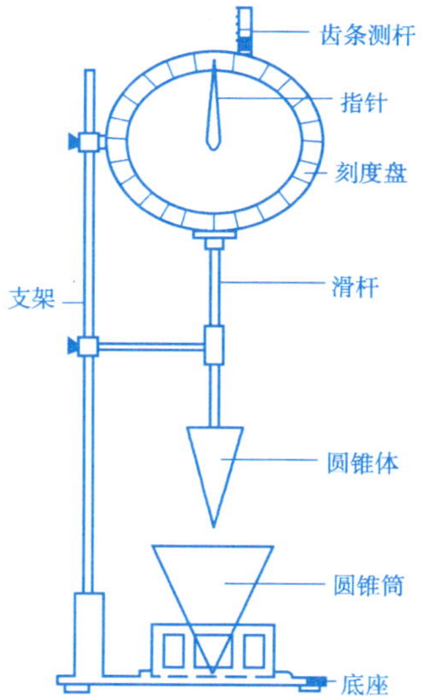

图3-6　砂浆稠度测定仪

2.钢制捣棒:直径10mm、长350mm、端部磨圆。

三、试验方法与步骤

1.盛浆容器和试锥表面用湿布擦干净,并用少量润滑油轻擦滑杆,将滑杆上多余的油用吸油纸擦净,使滑杆能自由滑动。

2.将拌好的砂浆一次装入砂浆筒内,使砂浆表面低于容器口约10mm,用捣棒自容器中心向边缘插捣25次,然后轻轻地将容器摇动或敲击5~6下,使砂浆表面平整,随后将容器置于砂浆稠测定仪的底座上。

3.拧开试锥滑动杆的制动螺丝,向下移动滑杆,试锥尖端与砂浆表面刚接触时,拧紧制动螺丝,使尺条侧杆下端刚好接触滑杆上端,并将指针对准零点。

4.拧开制动螺丝,同时记下时间,10s后立即固定螺丝,将齿条测杆下端接触滑杆上端,从刻度盘上读出下沉深度(精确至1mm),即为砂浆稠度值。

5.圆锥形容器内的砂浆,只允许测定一次稠度,重复测定时,应重新取样测定。

四、结果整理

1.取两次试验结果的算术平均值,计算值精确至1mm。

2.两次试验值之差如大于20mm,则应另取砂浆拌和后重新测定。

五、上交资料

每人上交一份砂浆稠度试验实训报告(见第131页实训七)。

实训八 水泥砂浆立方体抗压强度试验

(JTG E30 T0558—2005)

一、目的与适用范围

测定水泥砂浆抗压极限强度,以确定水泥砂浆的强度等级,作为评定水泥砂浆品质的主要指标。本试验适用于各类水泥砂浆的70.7mm×70.7mm×70.7mm立方体试件。

二、仪器设备

1.压力试验机:采用精度不大于±2%的试验机,其量程应能使试件的预期破坏荷载值不小于全量程的20%,且不大于全量程的80%。

2.试模:由铸铁或钢制成,尺寸为70.7mm×70.7mm×70.7mm的,分有底试模和无底试模两种。

3.捣棒:直径10mm、长350mm的钢棒,端部磨圆。

4.垫板:试验机上、下压板及试件之间可以垫钢板,尺寸应大于试件的承压面,其不平度每100mm不应超过0.02mm。

三、试验方法与步骤

(一)试验准备

1.制作砌筑砂浆试件时，将无底试模放在普通粘土砖上(砖的吸水率不小于10%,含水率不大于20%),试模内部事先涂刷薄层机油或脱模剂。

2.使用前预先在普通粘土砖上铺上吸水性较好的纸,如湿的新闻纸(或其它未粘过胶凝材料的纸),纸的大小要以能盖过砖的四边为准。砖的使用面要求平整,凡砖的四个垂直面粘过水泥或其它胶凝材料的,不允许再使用。

3.向试模内一次注满砂浆,用捣棒均匀由外向里按螺旋方向插捣25次,为了防止低稠度砂浆插捣后可能留下孔洞,容许用油灰刀沿模壁插捣数次,使砂浆高出试模顶面6~8mm。

4.当砂浆表面出现麻斑状态时(约15~30min),将高出部分的砂浆沿试模顶面削去抹平。

5.试件制作后应在20℃±5℃温度环境下放置一昼夜(24 h±2h),当气温较低时,可适当延长时间,但不应超过两昼夜,然后对试件进行编号并拆模。试件拆模后,应在标准养护条件下继续养护至28d,然后进行试压。

6.标准养护的条件是:水泥混合砂浆温度应为20℃±2℃,相对湿度60%~80%;水泥砂浆和微沫砂浆应为温度20℃±2℃,相对湿度90%以上;养护期间,试件彼此间隔不小于10mm。

(二)试验步骤

1.试件从养护地点取出后,应尽快进行试验,以免试件内部的温度发生显著变化。试验前先将试件擦拭干净,测量尺寸并检查其外观。试件尺寸测量精确至1mm,并据此计算试件的承压面积。如实测尺寸与公称尺寸之差不超过1mm,可按公称尺寸进行计算。

2.将试件安放在试验机的下压板(或下垫板)上,试件的承压面应与成型时的顶面垂直,试件中心应与试验机的下压板(或下垫板)中心对准。开动试验机,当上压板与试件(或上垫板)接近时,调整球座,使接触面均衡受压。承压试验应连续而均匀地加荷,加荷速度应为0.5~1.5kN/s(砂浆强度为5MPa及5MPa以下时,取下限为宜,砂浆强度为5MPa以上时,取上限为宜),当试件接近破坏而开始迅速变形时,停止调整试验机油门,直至试件破坏,然后记录破坏荷载。

四、结果整理

1.砂浆立方体抗压强度应按下列公式计算:

$$f_{m,cu} = F_u / A \tag{3-4}$$

式中:$f_{m,cu}$——砂浆立方体抗压强度,MPa;

F_u——立方体破坏压力,MPa;

A——试件承压面积,mm^2。

2.砂浆立方体抗压强度计算应精确至0.1MPa。

3.以6个试件测值的算术平均值作为该组试件的抗压强度值，精确至0.1MPa。当6个试件的最大值或最小值与平均值之差超过20%时，以中间4个试件的算术平均值作为该组试件的抗压强度值。

五、上交资料

每人上交一份水泥砂浆立方体抗压强度试验实训报告(见第133页实训八)。

实训报告

实训二

日期：　　　　班级：　　　　组别：　　　　姓名：　　　　学号：

实训题目	水泥混凝土拌和物稠度试验(坍落度仪法)			成绩	
实训目的					
主要仪器					
试验次数	坍落度(mm)	三级评定			粘聚性
		棍度	含砂情况	保水性	
1					
2					
3					
平均值					
修正值					
实训总结					

上交实训报告，请学生沿此线撕下

实训报告

实训三

日期：　　班级：　　组别：　　姓名：　　学号：

实训题目	水泥混凝土拌和物稠度试验（维勃仪法）		成绩
实训目的			
主要仪器			
试验次数	坍落度(mm)	维勃时间(s)	平均值(s)

实训总结

上交实训报告，请学生沿此线撕下

实训报告

实训四

日期：　　　　班级：　　　　组别：　　　　姓名：　　　　学号：

实训题目	水泥混凝土立方体抗压强度试验					成绩	
实训目的							
主要仪器							
试样编号	制件日期	试验日期	龄期(d)	试件尺寸(mm)	破坏荷载(kN)	抗压强度(MPa)	
						单值	平均值
实训总结							

上交实训报告，请学生沿此线撕下

实 训 报 告

实训五

日期：　　　　班级：　　　　组别：　　　　姓名：　　　　学号：

实训题目	水泥混凝土抗弯拉强度试验	成绩	
实训目的			
主要仪器			

编号	制件日期	龄期（d）	设计强度（MPa）	试件尺寸（mm）	计算跨径（mm）	荷载（kN）	抗弯拉强度（MPa）		尺寸转换系数	换算后抗弯拉强度（MPa）
							单值	平均		

实训总结

上交实训报告，请学生沿此线撕下

实 训 报 告

实训六

日期：　　班级：　　组别：　　姓名：　　学号：

实训题目	水泥混凝土立方体劈裂抗拉强度试验			成绩	
实训目的					
主要仪器					
试样编号	混凝土强度等级（MPa）	试件尺寸（mm）	极限荷载（N）	劈裂抗拉强度（MPa）	平均值（MPa）
1					
2					
3					

实训总结

上交实训报告，请学生沿此线撕下

实 训 报 告

实训七

上交实训报告，请学生沿此线撕下

日期：　　　　班级：　　　　组别：　　　　姓名：　　　　学号：

实训题目	砂浆稠度试验			成绩	
实训目的					
主要仪器					
试验次数	砂浆稠度仪初读数 h_1(mm)	砂浆稠度仪终读数 h_2(mm)	圆锥下沉时间 (s)	砂浆稠度(mm)	
				单值	平均值
1					
2					
3					
4					
5					
6					
7					
8					

实训总结

实训报告

实训八

日期：　　　　班级：　　　　组别：　　　　姓名：　　　　学号：

<table>
<tr><td>实训题目</td><td colspan="6">水泥砂浆立方体抗压强度试验</td><td>成绩</td><td colspan="2"></td></tr>
<tr><td>实训目的</td><td colspan="9"></td></tr>
<tr><td>主要仪器</td><td colspan="9"></td></tr>
<tr><td rowspan="2">结构物名称</td><td rowspan="2">设计强度（等级）</td><td rowspan="2">养护情况</td><td rowspan="2">制件日期</td><td rowspan="2">试块龄期（d）</td><td rowspan="2">试件尺寸（mm）</td><td rowspan="2">破坏荷载（kN）</td><td colspan="2">抗压强度(MPa)</td></tr>
<tr><td>单值</td><td>平均值</td></tr>
<tr><td rowspan="6"></td><td rowspan="6"></td><td rowspan="6"></td><td rowspan="6"></td><td rowspan="6"></td><td rowspan="6"></td><td></td><td></td><td rowspan="6"></td></tr>
<tr><td></td><td></td></tr>
<tr><td></td><td></td></tr>
<tr><td></td><td></td></tr>
<tr><td></td><td></td></tr>
<tr><td></td><td></td></tr>
<tr><td rowspan="6"></td><td rowspan="6"></td><td rowspan="6"></td><td rowspan="6"></td><td rowspan="6"></td><td rowspan="6"></td><td></td><td></td><td rowspan="6"></td></tr>
<tr><td></td><td></td></tr>
<tr><td></td><td></td></tr>
<tr><td></td><td></td></tr>
<tr><td></td><td></td></tr>
<tr><td></td><td></td></tr>
<tr><td rowspan="6"></td><td rowspan="6"></td><td rowspan="6"></td><td rowspan="6"></td><td rowspan="6"></td><td rowspan="6"></td><td></td><td></td><td rowspan="6"></td></tr>
<tr><td></td><td></td></tr>
<tr><td></td><td></td></tr>
<tr><td></td><td></td></tr>
<tr><td></td><td></td></tr>
<tr><td></td><td></td></tr>
<tr><td colspan="9">实训总结</td></tr>
</table>

上交实训报告，请学生沿此线撕下

第四章　沥青材料试验实训指导

实训一　沥青针入度试验

（JTJ 052 T0604—2000）

一、目的与适用范围

本方法适用于测定道路石油沥青、改性沥青针入度以及液体石油沥青蒸馏或乳化沥青蒸发后残留物的针入度。其标准试验条件为温度25℃，贯入针总质量100g，贯入时间5s，深度以0.1mm计。用本方法评定聚合物改性沥青的改性效果时，仅适用于融混均匀的样品。

针入度指数用以描述沥青的温度敏感性，宜在15℃、25℃、30℃等3个或3个以上温度条件下测定针入度后按规定的方法计算得到，若30℃时的针入度值过大，可采用5℃代替。当量软化点T_{800}是相当于沥青针入度为800时的温度，用以评价沥青的高温稳定性。当量脆点$T_{1.2}$是相当于沥青针入度为1.2时的温度，用以评价沥青的低温抗裂性能。

二、仪器设备

1.针入度仪：凡能保证针和针连杆在无明显摩擦下垂直运动，并能使指示针贯入深度准确至0.1mm的仪器均可使用。针和针连杆组合件总质量为50g±0.05g，另附50g±0.05g砝码一只，试验时总质量为100g±0.05g。当采用其它试验条件时，应在试验结果中注明。仪器设有放置平底玻璃保温皿的平台，并有调节水平的装置，针连杆应与平台相垂直。仪器设有针连杆制动按钮，使针连杆可自由下落。针连杆易于装拆，以便检查其质量。仪器还设有可自由转动与调节距离的悬臂，其端部有一面小镜或聚光灯泡，借以观察针尖与试样表面的接触情况。当为自动针入度仪时，各项要求与此项相同，温度采用温度传感器测定，针入度值采用位移计测定，并能自动显示或记录，且应经常对自动装置的准确性校验。为提高测试精密度，不同温度的针入度试验宜采用自动针入度仪进行。

2.标准针：由硬化回火的不锈钢制成，洛氏硬度HRC54～60，表面粗糙度Ra为0.2～0.3μm，针入针杆总质量2.5g±0.05g，针杆上应打印有号码标志，针应设有固定用装置盒（筒），以免碰撞针尖，每根针必须附有计量部门的检验单，并定期进行检验，其尺寸及针头如图4-1所示。

3.盛样皿：金属制，圆柱形平底。小盛样皿的内径55mm，深35mm（适用于针入度小于

200mm)；大盛样皿内径 70mm，深 45mm(适用于针入度 200 ~ 350mm)；对针入度大于 350mm 的试样需使用特殊盛样皿，其深度不小于 60mm，试样体积不少于 125mL。

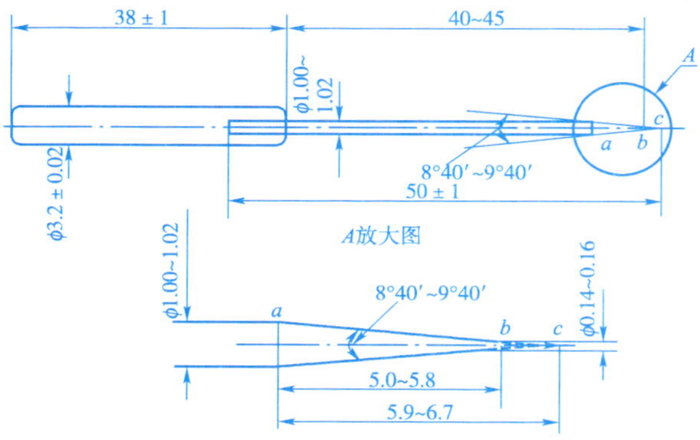

图 4-1　针入度标准针(尺寸单位：mm)

4.恒温水槽：容量不少于 10L，控温的准确度为 0.1℃。水槽中应设有一带孔的搁架，位于水面下不得小于 100mm，距水槽底不得小于 50mm。

5.平底玻璃皿：容量不小于 1L，深度不小于 80mm，内设有一不锈钢三脚支架，能使盛样皿稳定。

6.温度计：0 ~ 50℃，分度为 0.1℃。

7.秒表：分度 0.1s。

8.盛样皿盖：平板玻璃，直径不小于盛样皿开口尺寸。

9.溶剂：三氯乙烯等。

10.其它：电炉或砂浴、石棉网、金属锅或瓷把坩埚等。

三、试验方法与步骤

(一)试验准备

1.按规定的方法准备试样。

2.按试验要求将恒温水槽调节到要求的试验温度 25℃或 15℃、30℃(5℃)，保持稳定。

3.将试样注入盛样皿中，试样高度应超过预计针入度值 10mm，并盖上盛样皿，以防落入灰尘。盛有试样的盛样皿在 15 ~ 30℃室温中冷却 1 ~ 1.5h(小盛样皿)、1.5 ~ 2h(大盛样皿)或 2 ~ 2.5h(特殊盛样皿)后移入保持规定试验温度 ± 0.1℃的恒温水槽中 1 ~ 1.5h(小盛样皿)、1.5 ~ 2h(大试样皿)或 2 ~ 2.5h(特殊盛样皿)。

4.调整针入度仪使之水平。检查针连杆和导轨，以确认无水或其它外来物，无明显摩擦。用三氯乙烯或其它溶剂清洗标准针，并拭干。将标准针插入针连杆，用螺丝固紧。按试验条件，加上附加砝码。

(二)试验步骤

1.取出达到恒温的盛样皿，并移入水温控制在试验温度 ± 0.1℃(可用恒温水槽中的水)的平底玻璃皿中的三脚支架上，试样表面以上的水层深度不小于 10mm。

2.将盛有试样的平底玻璃皿置于针入度仪的平台上。慢慢放下针连杆，用适当位置的反光镜或灯光反射观察，使针尖恰好与试样表面接触。拉下刻度盘的拉杆，使与针连杆顶端轻轻接触，调节刻度盘或深度指示器，使其指针指示为零。

3.开动秒表，在指针正指5s的瞬间，用手紧压按钮，使标准针自动下落贯入试样，经规定时间，停压按钮使针停止移动。

注：当采用自动针入度仪时，计时与标准针落下贯入试样同时开始，至5s时自动停止。

4.拉下刻度盘拉杆与针连杆顶端接触，读取刻度盘指针或位移指示器的读数，准确至0.5℃(0.1mm)。

5.同一试样平行试验至少3次，各测试点之间及与盛样皿边缘的距离不应不于10mm。每次试验后应将盛有盛样皿的平底玻璃皿放入恒温水槽，使平底玻璃皿中水温保持试验温度，每次试验应换一根干净的标准针或将标准针取下，用蘸有三氯乙烯溶剂的棉花或布揩净，再用干棉花或布擦干。

6.测定针入度大于200的沥青试样时，至少用3支标准针，每次试验后将针留在试样中，直到3次平行试验完成后，才能将标准针取出。

7.测定针入度指数PI时，按同样的方法在15℃、25℃、30℃(或5℃)等3个或3个以上(必要时增加10℃、20℃等)温度条件下分别测定沥青的针入度，但用于仲裁试验的温度条件应为5个。

四、结果整理

(一)计算针入度指数、当量软化点及当量脆点

根据测试结果可按以下方法计算针入度指数、当量软化点及当量脆点。

1.诺模图法

将3个或3个以上不同温度条件下测试的针入度值绘于图4-2所示的针入度温度关系诺模图中，按最小二乘法法则绘制回归直线，将直线向两端延长，分别与针入度为800及1.2的水平线相交，交点的温度即为当量软化点 T_{800} 和当量脆点 $T_{1.2}$。以图中 O 点为原点，绘制回归直线的平行线，与PI线相交，读取交点处的PI值即为该沥青的针入度指数。

此法不能检验针入度对数与温度直线回归的相关系数，仅供快速草算时使用。

2.公式计算法

(1)对不同温度条件下测试的针入度值取对数，令 $y=\lg P$，$x=T$，按式(4-1)的针入度对数与温度的直线关系，进行 $y=a+bx$ 一元一次方程的直线回归，求取针入度温度指数 $A_{\lg Pen}$。

$$\lg P = K + A_{\lg Pen} \times T \tag{4-1}$$

式中：T——不同试验温度，相应温度下的针入度为 P；

K——回归方程的常数项 a；

$A_{\lg Pen}$——回归方程系数 b。

按式(4-1)回归时必须进行相关性检验，直线回归相关系数 R 不得小于0.997(置信度95%)，否则试验无效。

(2)按式(4-2)确定沥青的针入度指数PI，并记为 $PI_{\lg Pen}$

$$PI_{\lg Pen}=\frac{20-500A_{\lg Pen}}{1+50A_{\lg Pen}} \tag{4-2}$$

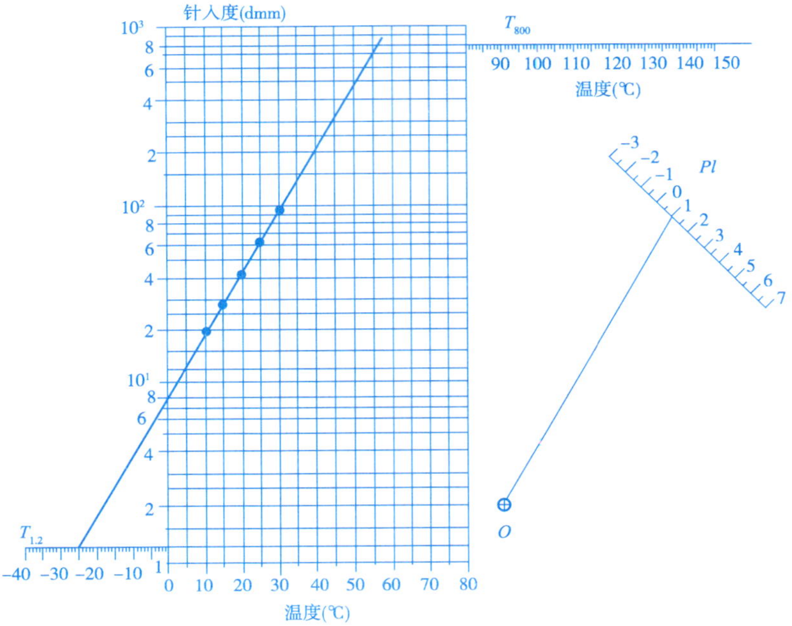

图 4-2 确定道路沥青 PI、T_{800}、$T_{1.2}$的针入度温度关系诺模图

(3)按式(4-3)确定沥青的当量软化点 T_{800}

$$T_{800}=\frac{\lg 800-K}{A_{\lg Pen}}=\frac{2.9031-K}{A_{\lg Pen}} \tag{4-3}$$

(4)按式(4-4)确定沥青的当量脆点 $T_{1.2}$

$$I_{1.2}=\frac{\lg 1.2-K}{A_{\lg Pen}}=\frac{0.0792-K}{A_{\lg Pen}} \tag{4-4}$$

(5)按式(4-5)计算沥青的塑性温度范围 ΔT

$$\Delta T=T_{800}-T_{1.2}=\frac{2.8239}{A_{\lg Pen}} \tag{4-5}$$

(二)报告

1.应报告标准温度(25℃)时的针入度 T_{25}以及其它试验温度 T 所对应的针入度 P,及由此求取针入度指数 PI、当量软化点 T_{800}、当量脆点 $T_{1.2}$的方法和结果。当采用公式计算法时,应报告按式(4-1)回归的直线相关系数 R。

2.同一试样 3 次平行试验结果的最大值与最小值之差在下列允许偏差范围内时,计算 3 次试验结果的平均值,取整数作为针入度试验结果,以 0.1mm 为单位。

针入度(0.1mm)	允许差值(0.1mm)
0 ~ 49	2
50 ~ 149	4
150 ~ 249	12
250 ~ 500	20

当试验值不符合此要求地，应重新进行。

3.精密度或允许差

(1)当试验结果小于50(0.1mm)时，重复性试验的允许差为2(0.1mm)，复现性试验的允许差为4(0.1mm)。

(2)当试验结果等于或大于50(0.1mm)时，重复性试验的允许差为平均值的4%，复现性试验的允许差为平均值的8%。

五、上交资料

每人上交一份沥青针入度试验实训报告(见第153页实训一)。

实训二　沥青延度试验

(JTJ 052 T 0605—1993)

一、目的与适用范围

1.本方法适用于测定道路石油沥青、液体沥青蒸馏残留物和乳化沥青蒸发残留物等材料的延度。

2.沥青延度的试验温度与拉伸速率可根据要求采用，通常采用的试验温度为25℃、15℃、10℃或5℃，拉伸速度为5cm/min±0.25cm/min。低温时采用1cm/min±0.05cm/min拉伸速度时，应在报告中注明。

二、仪器设备

1.延度仪：将试件浸没于水中，能保持规定的试验温度及按照规定拉伸速度拉伸试件且试验时无明显振动的延度仪均可使用，其形状及组成如图4-3所示。

2.试模：黄铜制，由两个端模和两个侧模组成，其形状及尺寸如图4-4所示。试模内侧表面粗糙度 Ra 为0.2μm，当装配完好后可浇铸成表4-1尺寸的试样。

延度试样尺寸(mm)　　表4-1

总　　长	74.5~75.5	最小横断面宽	9.9~10.1
中间缩颈部长度	29.7~30.3	厚度(全部)	9.9~10.1
端部开始缩颈处宽度	19.7~20.3		

3.试模底板：玻璃板或磨光的铜板、不锈钢板(表面粗糙度 Ra 为0.2μm)。

4.恒温水槽：容量不少于10L，控制温度的准确度为0.1℃，水槽中应设有带孔搁架，搁架距水槽底不得少于50mm。试件浸入水中深度不小于100mm。

5.温度计:0～50℃,分度为0.1℃。

6.砂浴或其它加热炉具。

7.甘油滑石粉隔离剂(甘油与滑石粉的质量比2:1)。

8.其它:平刮刀、石棉网、酒精、食盐等。

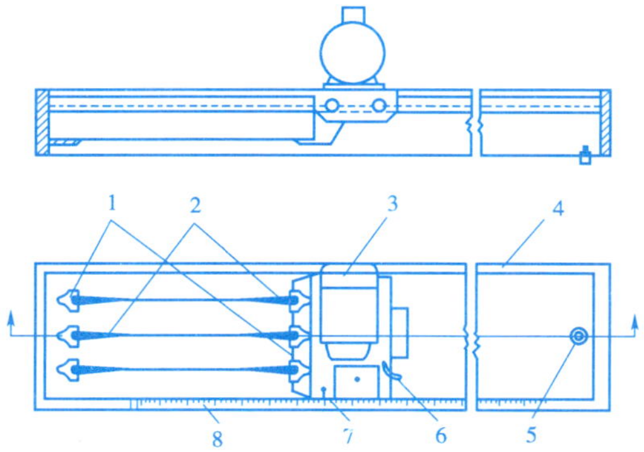

图4-3 延度仪(尺寸单位:mm)

1-试模;2-试样;3-电机;4-水槽;5-泄水孔;6-开关柄;7-指针;8-标尺

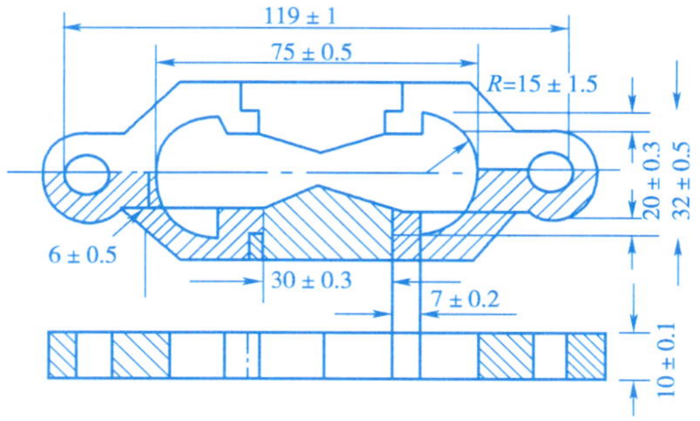

图4-4 延度试模(尺寸单位:mm)

三、试验方法与步骤

(一)试验准备

1.将隔离剂拌和均匀,涂于清洁干燥的试模底板和两个侧模的内侧表面,并将试模在试模底板上装妥。

2.按规定的方法准备试样,然后将试样仔细自试模的一端至另一端往返数次缓缓注入模中,最后略高出试模,灌模时应注意勿使气泡混入。

3.试件在室温中冷却30～40min,然后置于规定试验温度(偏差±0.1℃)的恒温水槽中,保持30min后取出,用热刮刀刮除高出试模的沥青,使沥青面与试模面齐平。沥青的刮法应自试模的中间刮向两端,且表面应刮得平滑。将试模连同底板再浸入规定试验温度的水槽中1～1.5h。

4.检查延度仪延伸速度是否符合规定要求,然后移动滑板使其指针正对标尺的零点。将延度仪注水,并保温达试验温度(偏差±0.5℃)。

(二)试验步骤

1.将保温后的试件连同底板移入延度仪的水槽中,然后将盛有试样的试模自玻璃板或不锈钢板上取下,将试模两端的孔分别套在滑板及槽端固定板的金属柱上,并取下侧模。水面距试件表面应不小于25mm。

2.开动延度仪,并注意观察试样的延伸情况。此时应注意,在试验过程中,水温应始终保持在试验温度规定范围内,且仪器不得有振动,水面不得有晃动,当水槽采用循环水时,应暂时中断循环,停止水流。

在试验中，如发现沥青细丝浮于水面或沉入槽底时，则应在水中加入酒精或食盐，调整水的密度至与试样相近后，重新试验。

3.试件拉断时，读取指针所指标尺上的读数，以 cm 表示，在正常情况下，试件延伸时应成锥尖状，拉断时实际断面接近于零。如不能得到这种结果，则应在报告中注明。

四、结果整理

1.同一试样，每次平行试验不少于 3 个，如 3 个测定结果均大于 100cm，试验结果记作“>100cm”；特殊需要也可分别记录实测值。如 3 个测定结果中，有一个以上的测定值小于 100cm 时，若最大值或最小值与平均值之差满足重复性试验精密度要求，则取 3 个测定结果的平均值的整数作为延度试验结果，若平均值大于 100cm，记作“>100cm”；若最大值或最小值与平均值之差不符合重复性试验精度要求时，试验应重新进行。

2.当试验结果小于 100cm 时，重复性试验的允许差为平均值的 20%；复现性试验的允许差为平均值的 30%。

五、上交资料

每人上交一份沥青延度试验实训报告（见第 155 页实训二）。

实训三　沥青软化点试验（环球法）

（JTJ 052 T0606—2000）

一、目的与适用范围

本方法适用于测定道路石油沥青、煤沥青的软化点，也适用于测定液体石油沥青经蒸馏或乳化沥青破乳蒸发后残留物的软化点。

二、仪器设备

1. 软化点试验仪：如图 4-5，由下列部件组成：

（1）钢球：直径 9.53mm，质量 3.5g±0.05g。

（2）试样环：黄铜或不锈钢等制成，形状尺寸如图 4-6 所示。

（3）钢球定位环：黄铜或不锈钢制成，形状尺寸如图 4-7 所示。

（4）金属支架：由两个主杆和三层平行的金属板组成。上层为一圆盘，直径略大于烧杯直径，中间有一圆孔，用以插放温度计。中层板形状尺寸如图 4-8 所示，板上有两个孔，各放置金属环，中间有一小孔可支持温度计的测温端部。一侧立杆距环上面 51mm 处刻有水高标记。环下面距下层底板为 25.4mm，而下底板距烧杯底不少于 12.7mm，也不得大于 19mm。三层金属板和两个主杆由两螺母固定在一起。

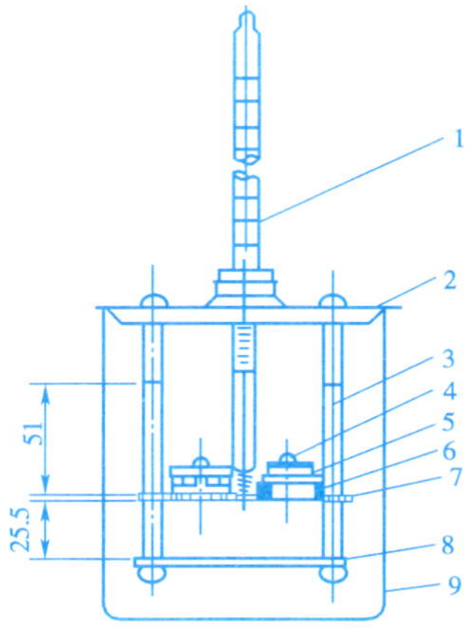

图 4-5　软化点试验仪（尺寸单位：mm）

1-温度计；2-土盖板；3-立杆；4-钢球；5-钢球定位环；6-金属环；7-中层板；8-下底板；9-烧杯

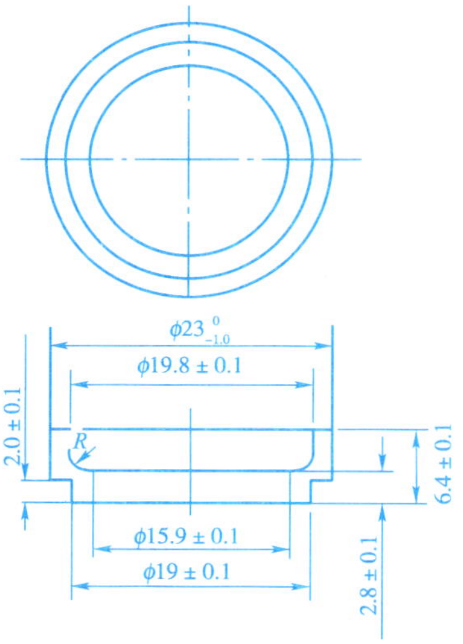

图 4-6　试样环（尺寸单位：mm）

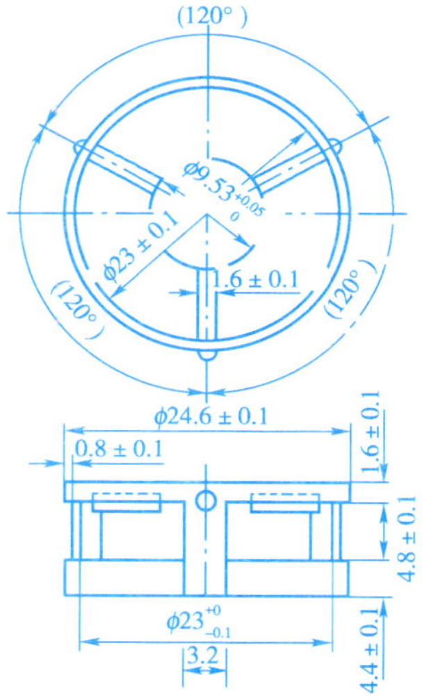

图 4-7　钢球定位环（尺寸单位：mm）

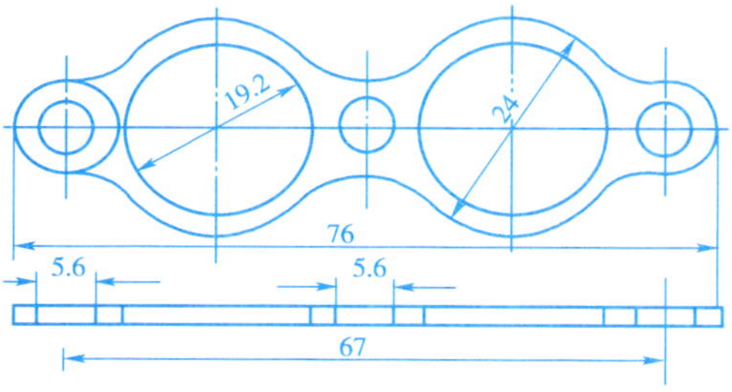

图 4-8　中层板（尺寸单位：mm）

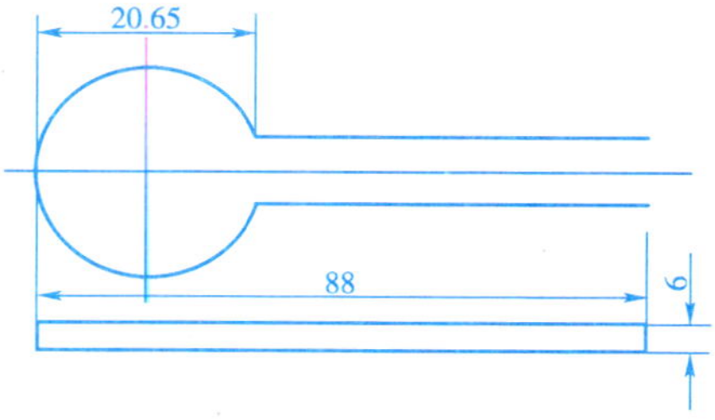

图 4-9　环夹（尺寸单位：mm）

(5)耐热玻璃烧环：容量 800～1000mL，直径不小于 86mm，高不小于 120mm。

(6)温度计：0～80℃，分度为 0.5℃。

2. 环夹：由薄钢条制成，用以夹持金属环，以便刮平表面，形状、尺寸如图 4-9 所示。

3. 装有温度调节器的电炉或其它加热炉具(液化石油气、天然气等)。应采用带有振荡搅拌器的加热电炉，振荡器置于烧杯底部。

4. 试样底板：金属板(表面粗糙度应达 $Ra0.8\mu m$)或玻璃板。

5. 恒温水槽：控温的准确度为 0.5℃。

6. 平直刮刀。

7. 甘油滑石粉隔离剂(甘油与滑石粉的比例为质量比 2:1)。

8. 新煮沸过的蒸馏水。

9. 其它：石棉网。

三、试验方法与步骤

(一)试验准备

1. 将试样环置于涂有甘油滑石粉隔离剂的试样底板上。按规定方法将准备好的沥青试样徐徐注入试样环内至略高出环面为止。

如估计试样软化点高于 120℃，则试样环和试样底板(不用玻璃板)均应预热至 80～100℃。

2. 试样在室温冷却 30min 后，用环夹夹着试样环，并用热刮刀刮除环面上的试样，务使与环面齐平。

(二)试验步骤

1. 试样软化点在 80℃以下者

(1)将装有试样的试样环连同试样底板置于 5℃±0.5℃水的恒温水槽中至少 15min；同时将金属支架、钢球、钢球定位环等亦置于相同水槽中。

(2)烧杯内注入新煮沸并冷却至 5℃的蒸馏水，水面略低于立杆上的深度标记。

(3)从恒温水槽中取出盛有试样的试样环放置在支架中层板的圆孔中，套上定位环；然后将整个环架放入烧杯中，调整水面至深度标记，并保持水温为 5℃±0.5℃。环架上任何部分不得附有气泡。将 0～80℃的温度计由上层板中心孔垂直插入，使端部测温头底部与试样环下面齐平。

(4)将盛有水和环架的烧杯移至放在石棉网的加热炉具上，然后将钢球放在定位环中间的试样中央，立即开动振荡搅拌器，使水微微振荡，并开始加热，使杯中水温在 3min 内调节至维持每分钟上升 5℃±0.5℃。在加热过程中，应记录每分钟上升的温度值。如温度上升速度超出此范围时，则试验应重作。

(5)试样受热软化逐渐下坠，至与下层底板表面接触时，立即读取温度，准确至 0.5℃。

2. 试样软化点在 80℃以上者

(1)将装有试样的试样环连同试样底板置于装有 32℃±1℃甘油的恒温槽中至少 15min；同时将金属支架、钢球、钢球定位环等亦置于甘油中。

(2)在烧杯内注入预先加热至32℃的甘油，其液面略低于立杆上的深度标记。

(3)从恒温槽中取出装有试样的试样环，按上述的方法进行测定，准确至1℃。

四、结果整理

同一试样平行试验两次，当两次测定值的差值符合重复性试验精密度要求时，取其平均值作为软化点试验结果，准确至0.5℃。

1.当试样软化点小于80℃时，重复性试验的允许差为1℃，复现性试验的允许差为4℃。

2.当试样软化点等于或大于80℃时，重复性试验的允许差为2℃，复现性试验的允许差为8℃。

五、上交资料

每人上交一份沥青软化点试验(环球法)实训报告(见第157页实训三)。

实训四　沥青与粗集料的粘附性试验

(JTJ 052 T0616—1993)

一、目的与适用范围

本方法适用于检验沥青与粗集料表面的粘附性及评定粗集料的抗水剥离能力。对于最大粒径大于13.2mm的集料应用水煮法，对最大粒径小于或等于13.2mm的集料应用水浸法进行试验。对同一种料源集料最大粒径既有大于又有小于13.2mm不同的集料时，取大于13.2mm水煮法试验为标准，对细粒式沥青混合料应以水浸法试验为标准。

二、仪器设备

1.天平：称量500g，感量不大于0.01g。

2.恒温水槽：能保持温度80℃±1℃。

3.拌和用小型容器：500mL。

4.烧杯：1000mL。

5.试验架。

6.细线：尼龙线或棉线、铜丝线。

7.铁丝网。

8.标准筛：9.5mm、13.2mm、19mm各1个。

9.烘箱：装有自动温度调节器。

10.电炉、燃气炉。

11.玻璃板:200mm×200mm 左右。

12.搪瓷盘:300mm×400mm 左右。

13.其它:拌和铲、石棉网、纱布、手套等。

三、试验方法与步骤

(一)试验准备

1.水煮法试验

(1)将集料过 13.2mm、19mm 的筛,取粒径 13.2~19mm 形状接近立方体的规则集料 5 个,用洁净水洗净,置温度为 105℃±5℃的烘箱中烘干,然后放在干燥器中备用。

(2)将大烧杯中盛水,并置加热炉的石棉网上煮沸。

2.水浸法试验

(1)将集料过 9.5mm、13.2mm 筛,取粒径 9.5~13.2mm 形状规则的集料 200g 用洁净水洗净,并置温度为 105℃±5℃的烘箱中烘干,然后放在干燥器中备用。

(2)按规定的方法准备沥青试样,加热至按规定的要求决定的沥青与矿料的拌和温度。

(3)将煮沸过的热水注入恒温水槽中,并维持温度 80℃±1℃。

(二)试验步骤

1.水煮法试验

(1)将集料逐个用细线在中部系牢,再置 105℃±5℃烘箱内 1h。按《公路工程沥青及沥青混合料试验规程》(JTJ 052 T0602—1993)规定的方法准备沥青试样。

(2)逐个取出加热的矿料颗粒用线提起,浸入预先加热的沥青(石油沥青 130~150℃)(煤沥青 100~110℃)试样中 45s 后,轻轻拿出,使集料颗粒完全为沥青膜所裹覆。

(3)将裹覆沥青的集料颗粒悬挂于试验架上,下面垫一张纸,使多余的沥青流掉,并在室温下冷却 15min。

(4)待集料颗粒冷却后,逐个用线提起,浸入盛有煮沸水的大烧杯中央,调整加热炉,使烧杯中的水保持微沸状态,如图 4-10c)和 b)所示,但不允许有沸开的泡沫,如图 4-10a)所示。

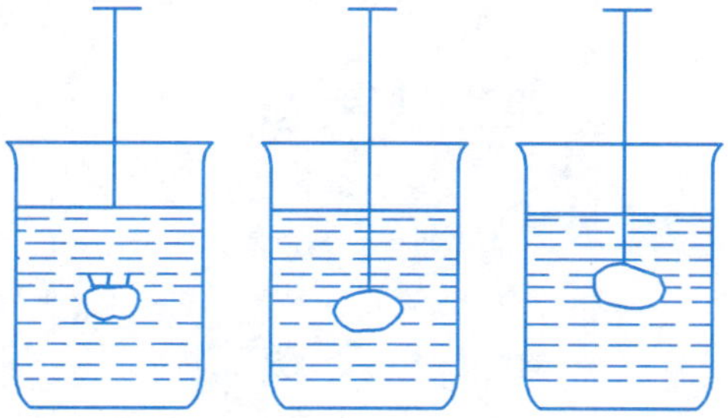

a)　　b)　　c)

图 4-10　水煮法试验

(5)浸煮 3min 后,将集料从水中取出,观察矿料颗粒上沥青膜的剥落程度,并按表 4-2 评定其粘附性等级。

沥青与集料的粘附性等级 表4-2

试验后石料表面上沥青膜剥落情况	粘附性等级
沥青膜完全保存,剥离面积百分率接近于0	5
沥青膜少部为水所移动,厚度不均匀,剥离面积百分率少于10%	4
沥青膜局部明显地为水所移动,基本保留在石料表面上,剥离面积百分率少于30%	3
沥青膜大部为水所移动,局部保留在石料表面上,剥离面积百分率大于30%	2
沥青膜完全为水所移动,石料基本裸露,沥青全浮于水面上	1

(6)同一试样应平行试验5个集料颗粒,并由两名以上经验丰富的试验人员分别评定后,取平均等级作为试验结果。

2.水浸法试验

(1)按四分法称取集料颗粒(9.5~13.2mm)100g置搪瓷盘中,连同搪瓷盘一起放入已升温至沥青拌和温度以上5℃的烘箱中持续加热1h。

(2)按每100g矿料加入沥青5.5g±0.2g的比例称取沥青,准确至0.1g,放入小型拌和容器中,一起置入同一烘箱中加热15min。

(3)将搪瓷盘中的集料倒入拌和容器的沥青中后,从烘箱中取出拌和容器,立即用金属铲均匀拌和1~1.5min,使集料完全被沥青薄膜裹覆。然后,立即将裹有沥青的集料取20个,用小铲移至玻璃板上摊开,并置室温下冷却1h。

(4)将放有集料的玻璃板浸入温度为80℃±1℃的恒温水槽中,保持30min,并将剥离及浮于水面的沥青,用纸片捞出。

(5)由水中小心取出玻璃板,浸入水槽内的冷水中,仔细观察裹覆集料的沥青薄膜的剥落情况。由两名以上经验丰富的试验人员分别目测,评定剥离面积的百分率,评定后取平均值表示。

注:为使估计的剥离面积百分率较为正确,宜先制取若干个不同剥离率的样本,用比照法目测评定,不同剥离率的样本,可用加不同比例抗剥离剂的改性沥青与酸性集料拌和后浸水得到,也可由同一种沥青与不同集料品种拌和后浸水得到,样本的剥离面积百分率逐个仔细计算得出。

(6)由剥离面积百分率按表4-2评定沥青与集料粘附性的等级。

四、结果整理

试验结果应报告采用的方法及集料粒径。

五、上交资料

每人上交一份沥青与粗集料的粘附性试验实训报告(见第159页实训四)。

实训五　沥青动力粘度试验(真空减压毛细管法)

(JTJ 052 T0620—2000)

一、目的与适用范围

本方法适用于真空减压毛细管粘度计测定粘稠石油沥青的动力粘度。非经注册，试验温度为60℃，真空度为40kPa。

二、仪器设备

1.真空减压毛细管粘度计：一组3支毛细管，通常采用美国沥青学会式(Asphalt Institute，即AI式)，也可采用坎农曼宁式(Cannon-Manning，即CM式)或改进坎培式(Modified Koppers，即MK式)毛细管测定。AI式毛细管的形状见图4-11，型号和尺寸见表4-3。

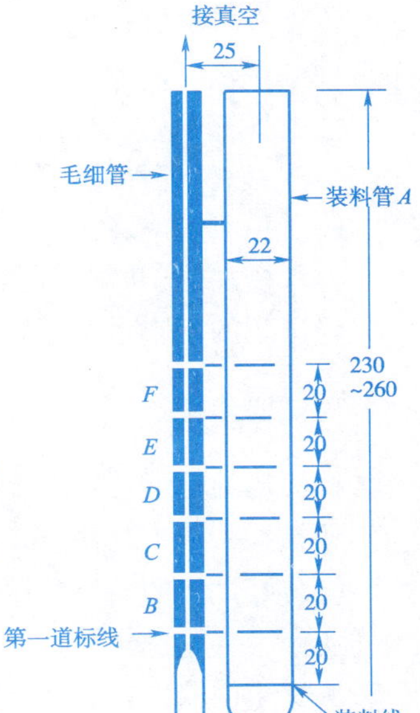

图4-11　真空减压毛细管粘度计

2.温度计：50～100℃，分度为0.03℃，不得大于0.1℃。

3.恒温水槽：硬玻璃制，其高度需使粘度计置入时，最高一条时间标线在液面下至少为20mm，内设有加热和温度自动控制器，能使水温保持在试验温度±0.1℃，并有搅拌器及夹持设备。水槽中不同位置的温度差不得大于±0.1℃。保温装置的控温精密度宜达到±0.03℃。

4.真空减压系统：应能使真空度达到40kPa±66.5Pa(300mmHg±0.5mmHg)的压力，各连接处不得漏气，以保证密闭，在开启毛细管减压阀进行测定时，应不产生水银柱降低情况。在开口端连接水银压力计，可读至133Pa(1mmHg)的刻度，用真空泵或吸气泵抽真空。

5.秒表：2个，分度0.1s，总量程15min的误差不大于±0.05%。

6.烘箱：有自动温度控制器。

7.溶剂：三氯乙烯(化学纯)等。

真空减压毛细管粘度计(美国沥青协会式)**尺寸和动力粘度范围**　　表4-3

型　号	毛细管半径(mm)	大致标定系数，40kPa真空(Pa·s/s)			粘度范围(Pa·s)
		管B	管C	管D	
25	0.125	0.2	0.1	0.07	4.2～80
50	0.25	0.8	0.4	0.3	18～320

续上表

型　号	毛细管半径（mm）	大致标定系数，40kPa 真空（Pa·s/s）			粘度范围（Pa·s）
		管 B	管 C	管 D	
100	0.50	3.2	1.6	1	60 ~ 1280
200	1.0	12.8	6.4	4	240 ~ 5200
400	2.0	50	25	16	960 ~ 20000
400R	2.0	50	25	16	960 ~ 140000
800R	4.0	200	100	64	3800 ~ 580000

8.其它：洗液、蒸馏水等。

三、试验方法与步骤

（一）试验准备

1.估计试样的粘度，根据试样流经规定体积的时间在 60s 以上，来选择真空毛细管粘度计的型号。

2.将真空毛细管粘度计用三氯乙烯等溶剂洗涤干净。如粘度计粘有油污，可用洗液、蒸馏水等仔细洗涤。洗涤后置烘箱中烘干或用通过棉花的热空气吹干。

3.按本规程准备沥青试样，将脱水过筛的试样仔细加热至充分流动状态。在加热时，予以适当搅拌，以保证加热均匀。然后将试样倾入另一个便于灌入毛细管的小盛样器中，数量约为 50mL，并用盖盖好。

4.将水槽加热，并调节恒温在 60℃ ± 0.1℃范围之内，温度计应预先校验。

5.将选用的真空毛细管粘度计和试样置烘箱（135℃ ± 5℃）中加热 30min。

（二）试验步骤

1.将加热的粘度计置一个容器中，然后将热沥青试样自装料管 *A* 注入毛细管粘度计，试样应不致粘在管壁上，并使试样液面在 *E* 标线处 ± 2mm 范围之内。

2.将装好试样的毛细管粘度计放回电烘箱（135℃ ± 5.5℃）中，保温 10min ± 2min，以使管中试样所产生气泡逸出。

3.从烘箱中取出 3 支毛细管粘度计，在室温条件下冷却 2min 后，安装在保持试验温度的恒温水槽中，其位置应使 I 标线在水槽液面以下至少为 20mm。自烘箱中取出粘度计，至装好放入恒温水槽的操作时间应控制在 5min 之内。

4.将真空系统与粘度计连接，关闭活塞或阀门。

5.开动真空泵或抽气泵，使真空度达到 40kPa（300mmHg ± 0.5mmHg）。

6.粘度计在恒温水槽中保持 30min 后，打开连接减压系统阀门，当试样吸到第一标线时同时开动两个秒表，测定通过连续的一对标线间隔时间，准确至 0.1s，记录第一个超过 60s 的标线符号及间隔时间。

7.按此方法对另两支粘度计作平行试验。

8.试验结束后，从恒温水槽中取出毛细管，按下列顺序进行清洗：

(1)将毛细管倒置于适当大小的烧杯中，放入预热至135℃的烘箱中约0.5～1h，使毛细管中的沥青充分流出，但时间不能太长，以免沥青烘焦附在管中。

(2)从烘箱中取出烧杯及毛细管，迅速用洁净棉纱轻轻地把毛细管口周围的沥青擦净。

(3)从试样管口注入三氯乙烯溶剂，然后用吸耳球对准毛细管上口抽吸，沥青渐渐被溶解，从毛细管口吸出，进入吸耳球，反复几次。直至注入的三氯乙烯抽出时为清澈透明为止，最后用蒸馏水洗净、烘干、收藏备用。

四、结果整理

1.沥青试样的动力粘度按式4-6计算。

$$\eta = K \times t \tag{4-6}$$

式中：η——沥青试样在测定温度下的动力沾度，Pa·s；

K——选择的第一对超过60s的一对标线间的粘度计常数，Pa·s/s；

t——通过第一对超过60s标线的时间间隔，s。

2.报告

一次试验的3支粘度计平行试验结果的误差应不大于平均值的7%，否则，应重新试验。符合此要求时，取3支粘度计测定结果的平均值作为沥青动力粘度的测定值。

3.精密度或允许差

重复性试验的允许差为平均值的7%；复现性试验的允许差为平均值的10%。

五、上交资料

每人上交一份沥青动力粘度试验实训报告(见第161页实训五)。

实训六　乳化沥青破乳速度试验

(JTJ 052 T0658—1993)

一、目的与适用范围

本方法适用于各种类型的乳化沥青的拌和稳定度实验，以鉴别乳液属于快裂(RS)，中裂(MS)或慢裂(SS)的型号。

二、仪器设备

1.拌和锅：容量约1000mL。

2.金属勺。

3.天平:感量不大于 0.1g。

4.标准筛:孔径为 4.75mm、2.36mm、0.6mm、0.3mm、0.075mm。

5.道路工程用粒径小于 4.75mm 的石屑。

6.蒸馏水。

7.其它:烧杯、量筒、秒表等。

三、试验方法与步骤

(一)试验准备

1.将工程实际使用的集料(石屑)过筛分级,并按表 4-4 的比例称料,混合成两种标准级配矿料各 200g。

拌和试验用矿料颗粒组成比例(%) 表 4-4

<table>
<tr><th>矿料规格(mm)</th><th>A 组</th><th>B 组</th></tr>
<tr><td><0.075</td><td rowspan="2">3</td><td>10</td></tr>
<tr><td>0.3～0.0.75</td><td>30</td></tr>
<tr><td>0.6～0.3</td><td>5</td><td>30</td></tr>
<tr><td>2.36～0.6</td><td>7</td><td>30</td></tr>
<tr><td>4.75～2.36</td><td>85</td><td>—</td></tr>
<tr><td>合计</td><td>100</td><td>100</td></tr>
</table>

2.将拌和锅洗净、干燥。

(二)试验步骤

1.将 A 组矿料 200g 在拌和锅中拌和均匀,当为阳离子乳化沥青时,先注入 5mL 蒸馏水拌匀,再注入乳液 20g。当为阴离子乳化沥青时,直接注入乳液 20g,用金属匙以 60r/min 的速度拌和 30s,观察矿料与乳液拌和后的均匀情况。

2.将拌和锅中的 B 组矿料 200g 拌和均匀后注入 300mL 蒸馏水,拌匀后,注入 50g 乳液试样,再继续用金属匙以 60r/min 的速度拌和 1min,观察拌和后混合料的均匀情况。

3.根据两组矿料与乳液试样拌和均匀情况,按表 4-5 确定试样的破乳速度。

乳化沥青的破乳速度分级 表 4-5

A 组矿料拌和结果	B 组矿料拌和结果	破乳速度	代号
混合料呈松散状态,一部分矿料颗粒未裹覆沥青,沥青分布不够均匀,有些凝聚成固块	乳液中的沥青拌和后立即凝聚成团块,不能拌和	快裂	RS
混合料混合均匀	混合料呈松散状态,沥青分布不均匀,并可见凝聚的团快	中裂	MS
—	混合料呈糊状,沥青乳液分布均匀	慢裂	SS

四、结果整理

试验结果报告拌和情况及破乳速度分级、代号。

五、上交资料

每人上交一份乳化沥青破乳速度试验实训报告(见第163页实训六)。

实训报告

实训一

上交实训报告，请学生沿此线撕下

日期：　　　班级：　　　组别：　　　姓名：　　　学号：

<table>
<tr><td colspan="2">实训题目</td><td colspan="4">沥青针入度试验</td><td>成绩</td><td colspan="2"></td></tr>
<tr><td colspan="2">实训目的</td><td colspan="7"></td></tr>
<tr><td colspan="2">主要仪器</td><td colspan="7"></td></tr>
<tr><td rowspan="2">样品编号</td><td rowspan="2">试验温度（℃）</td><td rowspan="2">试验时间（s）</td><td rowspan="2">试验荷重（g）</td><td colspan="5">指针度盘读数(0.1mm)</td></tr>
<tr><td>第一次针入度</td><td>第二次针入度</td><td>第三次针入度</td><td colspan="2">平均值</td></tr>
<tr><td>1#</td><td></td><td></td><td></td><td></td><td></td><td></td><td colspan="2"></td></tr>
<tr><td>2#</td><td></td><td></td><td></td><td></td><td></td><td></td><td colspan="2"></td></tr>
<tr><td>3#</td><td></td><td></td><td></td><td></td><td></td><td></td><td colspan="2"></td></tr>
<tr><td colspan="9">实训总结</td></tr>
</table>

实训报告

实训二

日期：　　班级：　　组别：　　姓名：　　学号：

实训题目	沥青延度试验				成绩	
实训目的						
主要仪器						
样品编号	试验温度（℃）	试验速度（cm/min）	延度（cm）			
			试验（1）	试验（2）	试验（3）	平均值
1						
2						
3						
校核						

实训总结

上交实训报告，请学生沿此线撕下

上交实训报告，请学生沿此线撕下

实训报告

实训三

日期：　　　　班级：　　　　组别：　　　　姓名：　　　　学号：

实训题目	沥青软化点试验（环球法）	成绩	
实训目的			
主要仪器			

样品编号	室内温度	烧杯内液体种类	开始加热时间	开始加热液体温度（℃）	烧杯中液体温度上升记录																软化点（℃）	平均值（℃）
					开始加热时	一分钟末	二分钟末	三分钟末	四分钟末	五分钟末	六分钟末	七分钟末	八分钟末	九分钟末	十分钟末	十一分钟末	十二分钟末	十三分钟末	十四分钟末	十五分钟末		
1																						
2																						

实训总结

实 训 报 告

实训四

日期：　　班级：　　组别：　　姓名：　　学号：

实训题目	**沥青与粗集料粘附性试验**		成绩		
实训目的					
主要仪器					
岩石种类					
试验次数	1	2	3	4	5
粘结力等级					
平均值					
实训总结					

上交实训报告，请学生沿此线撕下

实 训 报 告

实训五

日期： 班级： 组别： 姓名： 学号：

实训题目	沥青动力粘度试验(真空减压毛细管法)	成绩	
实训目的			
主要仪器			

试验编号	试验温度(60℃)	真空度(40kPa)	第一对超过60s的标线间粘度计常数(Pa·s/s)	间隔时间(s)	沥青动力粘度(Pa·s)	平均值(Pa·s)
1						
2						
3						

实训总结

上交实训报告，请学生沿此线撕下

实训报告

实训六

日期：　　　　班级：　　　　组别：　　　　姓名：　　　　学号：

<table>
<tr><td>实训题目</td><td colspan="6">乳化沥青破乳速度试验</td><td>成绩</td><td></td></tr>
<tr><td>实训目的</td><td colspan="8"></td></tr>
<tr><td>主要仪器</td><td colspan="8"></td></tr>
<tr><td colspan="5">和试样用矿料颗粒组成比例(%)</td><td colspan="4">乳化沥青的破乳速度分级</td></tr>
<tr><td>矿料规格
(mm)</td><td>A组</td><td>B组</td><td>试验速度</td><td>拌和时间</td><td>A组矿料拌和结果</td><td>B组矿料拌和结果</td><td>破乳速度</td><td>代号</td></tr>
<tr><td><0.075</td><td></td><td></td><td></td><td></td><td></td><td></td><td></td><td></td></tr>
<tr><td>0.3~0.075</td><td></td><td></td><td></td><td></td><td></td><td></td><td></td><td></td></tr>
<tr><td>0.6~0.3</td><td></td><td></td><td></td><td></td><td></td><td></td><td></td><td></td></tr>
<tr><td>2.36~0.6</td><td></td><td></td><td></td><td></td><td></td><td></td><td></td><td></td></tr>
<tr><td>4.75~2.36</td><td></td><td></td><td></td><td></td><td></td><td></td><td></td><td></td></tr>
<tr><td>合计</td><td></td><td></td><td></td><td></td><td></td><td></td><td></td><td></td></tr>
<tr><td colspan="9">实训总结</td></tr>
</table>

上交实训报告，请学生沿此线撕下

第五章　沥青混合料试验实训指导

实训一　沥青混合料试件制作方法(击实法)

(JTJ 052 T0702—2000)

一、目的与适用范围

1.本方法适用于标准击实法或大型击实法制作沥青混合料试件,以供试验室进行沥青混合料物理力学性质试验使用。

2.标准击实法适用于马歇尔试验、间接抗拉试验(劈裂法)等所使用的 ϕ101.6mm × 63.5mm圆柱体试件的成型。大型击实法适用于 ϕ152.4mm × 95.3mm 的大型圆柱体试件的成型。

3.沥青混合料试件制作时矿料规格及试件数量应符合如下规定:

(1)沥青混合料配合比设计及在试验室人工配制沥青混合料制作试件时,试件直径不小于集料公称最大粒径的 4 倍,厚度不小于集料公称最大粒径的 1 ~ 1.5 倍。对直径 ϕ101.6mm 的试件,集料公称最大粒径应不大于 26.5mm。对粒径大于 26.5mm 的粗粒式沥青混合料,其大于 26.5mm 的集料应用等量的 13.2mm ~ 26.5mm 集料代替(替代法),也可采用直径 ϕ152.4mm的大型圆柱体试件。大型圆柱体试件适用于集料公称最大粒径不大于 37.5mm 的情况。试验室成型的一组试件的数量不得少于 4 个,必要时宜增加至 5 ~ 6 个。

(2)用拌和厂及施工现场采集的拌和沥青混合料成品试样制作直径 ϕ101.6mm 的试件时,按下列规定选用不同的方法及试件数量:

①当集料公称最大粒径小于或等于 26.5mm 时,可直接取样(直接法)。一组试件的数量通常为 4 个。

②当集料公称最大粒径大于 26.5mm,但不大于 31.5mm,宜将大于 26.5mm 的集料筛除后使用(过筛法),一组试件数量仍为 4 个,如采用直接法,一组试件的数量应增加至 6 个。

③当集料公称最大粒径大于 31.5mm 时,必须采用过筛法。过筛的筛孔为 26.5mm,一组试件仍为 4 个。

二、仪器设备

1.标准击实仪:由击实锤、ϕ98.5mm 平圆形压实头及带手柄的导向棒组成。用人工或机械将压实锤举起，从 457.2mm ± 1.5mm 高度沿导向棒自由落下击实，标准击实锤质量 4536g ± 9g。

大型击实仪：由击实锤、ϕ149.5mm 平圆形压实头及带手柄的导向棒（直径 15.9mm）组成。用机械将压实锤举起，从 457.2mm ± 2.5mm 高度沿导向棒自由落下击实，大型击实锤质量 10210g ± 10g。

2. 标准击实台：用以固定试模，在 200mm × 200mm × 457mm 的硬木墩上面有一块 305mm × 305mm × 25mm 的钢板，木墩用 4 根型钢固定在下面的水泥混凝土板上。木墩采用青冈栎、松或其它干密度为 0.67 ~ 0.77g/cm^3 的硬木制成。人工击实或机械击实均必须有此标准击实台。

自动击实仪是将标准击实锤及标准击实台安装一体并用电力驱动使击实锤连续击实试件且可自动记数的设备，击实速度为 60 次 ± 5 次/min。大型击实法电动击实的功率不小于 250W。

3. 试验室用沥青混合料拌和机：能保证拌和温度并充分拌和均匀，可控制拌和时间，容量不小于 10L，如图 5-1 所示。搅拌叶自转速度 70 ~ 80r/min，公转速度 40 ~ 50r/min。

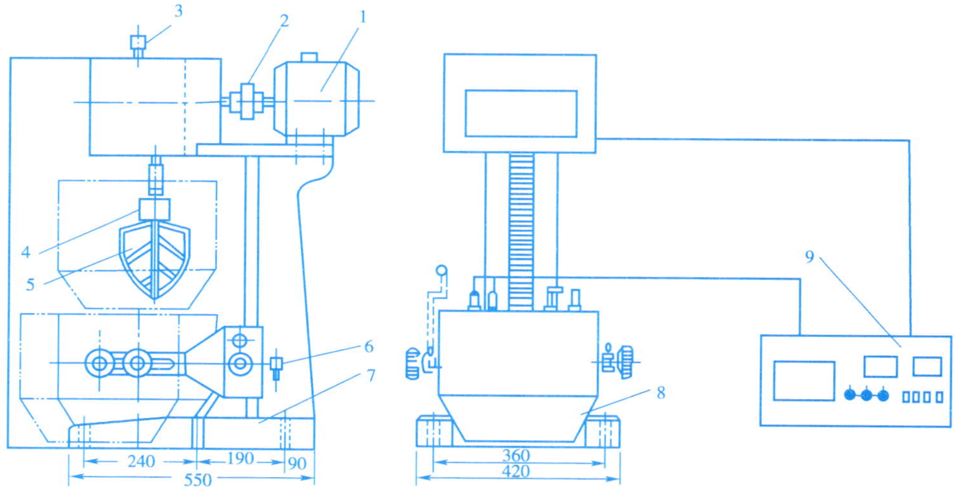

图 5-1　试验室用沥青混合料拌和机

1-电机；2-联轴器；3-变速箱；4-弹簧；5-拌和叶片；6-升降手柄；7-底座；8-加热拌和锅；9-温度时间控制仪

4. 脱模器：电动或手动，可无破损地推出圆柱体试件，备有标准圆柱体试件及大型圆柱体试件尺寸的推出环。

5. 试模：由高碳钢或工具钢制成，每组包括内径 101.6mm ± 0.2mm，高 87mm 的圆柱形金属筒、底座（直径约 120.6mm）和套筒（内径 101.6mm、高 70mm）各 1 个。

大型圆柱体试件的试模与套筒如图 5-2 所示。套筒外径 165.1mm，内径 155.6mm ± 0.3mm，总高 83mm。试模内径 152.4mm ± 0.2mm，总高 115mm，底座板厚 12.7mm，直径 172mm。

6. 烘箱：大、中型各一台，装有温度调节器。

7. 天平或电子秤：用于称量矿料的，感量不大于 0.5g；用于称量沥青的，感量不大于 0.1g。

8. 沥青运动粘度测定设备：毛细管粘度计、赛波特重油粘度或布洛克菲尔德粘度计。

9.插刀或大螺丝刀。

10.温度计:分度为1℃。宜采用有金属插杆的热电偶沥青温度计,金属插杆的长度不小于300mm。量程0~300℃,数字显示或度盘指针的分度0.1℃,且有留置读数功能。

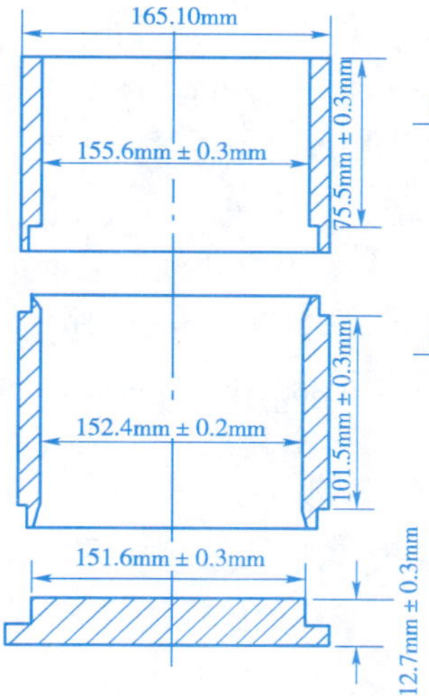

图5-2 大型圆柱体试件的试模与套筒

11.其它:电炉或煤气炉、沥青熔化锅、拌和铲、标准筛、滤纸(或普通纸)、胶布、卡尺、秒表、粉笔、棉纱等。

三、试验方法与步骤

(一)试验准备

1.确定制作沥青混合料试件的拌和与压实温度。当缺乏沥青粘度测定条件时,试件的拌和与压实温度可按表5-1选用,并根据沥青品种和标号作适当调整。针入度小、稠度大的沥青取高限,针入度大、稠度小的沥青取低限,一般取中值。对改性沥青,应根据改性剂的品种和用量,适当提高混合料的拌和和压实温度,对大部分聚合物改性沥青,需要在基质沥青的基础上提高15~30℃左右,掺加纤维时,尚需再提高10℃左右。

沥青混合料拌和及压实温度参考表 表5-1

沥青结合料种类	拌和温度(℃)	压实温度(℃)
石油沥青	130~160	120~150
煤 沥 青	90~120	80~110
改性沥青	160~175	140~170

常温沥青混合料的拌和及压实在常温下进行。

2.按规定方法在拌和厂或施工现场采集沥青混合料试样。将试样置于烘箱中或加热的砂浴上保温,在混合料中插入温度计测量温度,待混合料温度符合要求后成型。需要适当拌和时可倒入已加热的小型沥青混合料拌和机中适当拌和,时间不超过1min。但不得用铁锅在电炉或明火上加热炒拌。

3.在试验室人工配制沥青混合料时,材料准备按下列步骤进行:

(1)将各种规格的矿料置105℃±5℃的烘箱中烘干至恒重(一般不少于4~6h)。根据需要,粗集料可先用水冲洗干净后烘干,也可将粗细集料过筛后用水冲洗再烘干备用。

(2)按规定试验方法分别测定不同粒径规格粗、细集料及填料(矿粉)的各种密度,按规定方法测定沥青的密度。

(3)将烘干分级的粗细集料,按每个试件设计级配要求称其质量,在一金属盘中混合均匀,矿粉单独加热,置烘箱中预热至沥青拌和温度以上约15℃(采用石油沥青时通常为163℃;采用改性沥青时通常需180℃)备用。一般按一组试件(每组4~6个)备料,但进行配合比设计时宜对每个试件分别备料。当采用替代法时,对粗集料中粒径大于26.5mm的部分,以13.2~26.5mm粗集料等量代替。常温沥青混合料的矿料不应加热。

(4)将规定方法采集的沥青试样,用恒温烘箱或油浴、电热套熔化加热至规定的沥青混合料拌和温度备用,但不得超过175℃。当不得已采用燃气炉或电炉直接加热进行脱水时,必须使用石棉垫隔开。

4.用沾有少许黄油的棉纱擦净试模、套筒及击实座等置100℃左右烘箱中加热1h备用。常温沥青混合料用试模不加热。

(二)试验步骤

1.拌制粘稠石油沥青或煤沥青混合料

(1)沥青混合料拌和机预热至拌和温度以上10℃左右备用(对试验室试验研究、配合比设计及采用机械拌和施工的工程,严禁用人工炒拌法热拌沥青混合料)。

(2)将每个试件预热的粗细集料置于拌和机中,用小铲子适当混合,然后再加入需要数量的已加热至拌和温度的沥青(如沥青已称量在一专用容器内时,可在倒掉沥青后用一部分热矿粉将沾在容器壁上的沥青擦拭一起倒入拌和锅中);开动拌和机,一边搅拌一边将拌和叶片插入混合料中拌和1~1.5min,然后暂停拌和;加入单独加热的矿粉,继续拌和至均匀为止,并使沥青混合料保持在要求的拌和温度范围内。标准的总拌和时间为3min。

2.马歇尔标准击实法的成型步骤

(1)将拌好的沥青混合料,均匀称取一个试件所需的用量(标准马歇尔试件约1200g,大型马歇尔试件约4050g)。当已知沥青混合料的密度时,可根据试件的标准尺寸计算并乘以1.03得到要求的混合料数量。当一次拌和几个试件时,宜将其倒入经预热的金属盘中,用小铲适当拌和均匀分成几份,分别取用。在试件制作过程中,为防止混合料温度下降,应连盘放在烘箱中保温。

(2)从烘箱中取出预热的试模及套筒,用沾有少许黄油的棉纱擦拭套筒、底座及击实锤底面,将试模装在底座上,垫一张圆形的吸油性小的纸,按四分法从四个方向用小铲将混合料铲入试模中,用插刀或大螺丝刀沿周边插捣15次,中间10次。插捣后将沥青混合料表面整平成凸圆弧面。对大型马歇尔试件,混合料分两次加入,每次插捣次数同上。

(3)插入温度计,至混合料中心附近,检查混合料温度。

(4)待混合料温度符合要求的压实温度后,将试模连同底座一起放在击实台上固定。在装好的混合料上面垫一张吸油性小的圆纸,再将装有击实锤及导向棒的压实头插入试模中,然后开启电动机或人工将击实锤从457mm的高度自由落下击实规定的次数(75、50或35次)。对大型马歇尔试件,击实次数为75次(相应于标准击实50次的情况)或112次(相应于标准击实75次的情况)。

(5)试件击实一面后,取下套筒,将试模掉头,装上套筒,然后以同样的方法和次数击实另一面。

(6)试件击实结束后,立即用镊子取掉上下面的纸,用卡尺量取试件离试模上口的高度并由此计算试件高度,如高度不符合要求时,试件应作废,并按下式调整试件的混合料质量,以保证高度符合63.5mm±1.3mm(标准试件)或95.3mm±2.5mm(大型试件)的要求。

$$调整后混合料质量=\frac{要求试件高度\times 原用混合料质量}{所得试件的高度} \tag{5-1}$$

3.卸去套筒和底座,将装有试件的试模横向放置冷却至室温后(不少于12h),置脱模机上脱出试件。

用于作现场马歇尔指标检验的试件,在施工质量检验过程中如急需试验,允许采用电风扇吹冷1h或浸水冷却3min以上的方法脱模,但浸水脱模法不能用于测量密度、空隙率等各项物理指标。

4.将试件仔细置于干燥洁净的平面上,供试验用。

四、上交资料

每人上交一份沥青混合料试件制作方法(击实法)实训报告(见第187页实训一)。

实训二　压实沥青混合料密度试验(表干法)

(JTJ 052 T0705—2000)

一、目的与适用范围

1.表干法适用于测定吸水率不大于2%的各种沥青混合料试件,包括Ⅰ型或较密实的Ⅱ型沥青混凝土、抗滑表层混合料、沥青玛蹄脂碎石混合料(SMA)试件的毛体积相对密度或毛体积密度。

2.本方法测定的毛体积密度适用于计算沥青混合料试件的空隙率、矿料间隙率等各项体积指标。

二、仪器设备

1.浸水天平或电子秤:当最大称量在3kg以下时,感量不大于0.1g;最大称量3kg以上时,感量不大于0.5g;最大称量10kg以上时,感量5g,应有测量水中重的挂钩。

2.网篮。

3.溢流水箱:如图5-3所示,使用洁净水,有水位溢流装置,保持试件和网篮浸入水中后的水位一定。

4.试件悬吊装置:天平下方悬吊网篮及试件的装置,吊线应采用不吸水的细尼龙线绳,并有足够的长度。对轮碾成型、机成型的板块状试件可用铁丝悬挂。

5.秒表。

6.毛巾。

7.电风扇或烘箱。

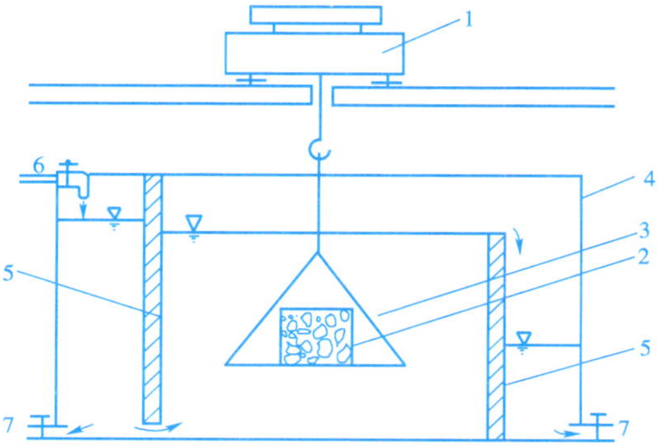

图 5-3　溢流水箱及下挂法水中重称量方法示意图

1-浸水天平或电子秤;2-试件;3-网篮;4-溢流水箱;5-水位搁板;6-注入口;7-放水阀门

三、试验方法与步骤

1.选择适宜的浸水天平或电子秤,最大称量应不小于试件质量的 1.25 倍,且不大于试件质量的 5 倍。

2.除去试件表面的浮粒,称取干燥试件的空中质量(m_a),根据选择的天平的感量读数,准确至 0.1g、0.5g 或 5g。

3.挂上网篮,浸入溢流水箱中,调节水位,将天平调平或复零,把试件置于网篮中(注意不要晃动水)浸水中约 3~5min,称取水中质量(m_w)。若天平读数持续变化,不能很快达到稳定,说明试件吸水较严重,不适用于此法测定,应改用蜡封法测定。

4.从水中取出试件,用洁净柔软的拧干湿毛巾轻轻擦去试件的表面水(不得吸走空隙内的水),称取试件的表干质量(m_f)。

5.对从路上钻取的非干燥试件可先称取水中质量(m_w),然后用电风扇将试件吹干至恒重(一般不少于 12h,当不需进行其它试验时,也可用 60℃ ± 5℃烘箱烘干至恒重),再称取空气中质量(m_a)。

四、结果整理

1.计算试件的吸水率,取 1 位小数。

试件的吸水率即试件吸水体积占沥青混合料毛体积的百分率,按式(5-2)计算。

$$S_a = \frac{m_f - m_a}{m_f - m_w} \times 100 \tag{5-2}$$

式中：S_a——试件的吸水率（%）；

m_a——干燥试件的空中质量（g）；

m_w——试件的水中质量（g）；

m_f——试件的表干质量（g）。

2.计算试件的毛细体相对密度和毛体积密度，取3位小数。

当试件的吸水率符合 $S_a>2\%$要求时，试件的毛体积相对密度和毛体积密度按式（5-3）及式（5-4）计算，当吸水率 $S_a>2\%$要求时，应改用蜡封法测定。

$$r_f=\frac{m_a}{m_f-m_w} \tag{5-3}$$

$$\rho_f=\frac{m_a}{m_f-m_w}\times\rho_w \tag{5-4}$$

3.试件的空隙率按式（5-5）计算，取1位小数

$$VV=\left(1-\frac{r_f}{r_1}\right)\times 100 \tag{5-5}$$

式中：VV——试件的空隙率（%）；

r_1——沥青混合料理论最大相对密度，当实测理论最大相对密度有困难时，也可采用按式（5-7）或（5-8）计算的最大理论相对密度；

r_f——试件的毛体积相对密度，用表干法测定，当试件吸水率 $S_a>2\%$时，由蜡封法或体积法测定；当按规定容许采用水中重法测定时，也可用表观相对密度代替。

4. 确定矿料的有效相对密度 r_{se}，按式（5-6）计算。

$$r_{se}=\frac{100-P_b}{\dfrac{100}{r_1}-\dfrac{P_b}{r_b}} \tag{5-6}$$

式中：r_{se}——合成矿料有效相对密度；

P_b——试验采用的沥青用量（占混合料总量的百分数）%；

r_t——试验沥青用量条件下实测得到的最大相对密度，无量纲；

r_b——沥青的相对密度（25℃/150℃），无量纲。

5.确定沥青混合料的最大理论相对密度，按式（5-7）、（5-8）计算。

$$r_{ti}=\frac{100-P_{ai}}{\dfrac{100}{r_{se}}+\dfrac{P_{ai}}{r_b}} \tag{5-7}$$

$$r_{ti}=\frac{100}{\dfrac{P_{si}}{r_{se}}+\dfrac{P_{bi}}{r_b}} \tag{5-8}$$

式中：r_{ti}——相对于计算沥青用量 P_{bi}时沥青混合料的最大理论相对密度，无量纲；

P_{ai}——所计算的沥青混合料中的油石比（%）；

P_{bi}——所计算的沥青混合料的沥青用量，$P_{bi}=\dfrac{P_{ai}}{(HP_{ai})}$（%）；

P_{si}——所计算的沥青混合料的矿料含量，$P_{si}100-P_{bi}$（%）；

r_{se}——矿料的有效相对密度；

r_b——沥青的相对密度(25℃/25℃),无量纲。

6.矿料的合成毛体积相对密度 r_{sb}按式(5-9)计算。

$$r_{sb}=\frac{100}{\frac{P_1}{r_1}+\frac{P_2}{r_2}+\cdots+\frac{P_n}{r_n}} \tag{5-9}$$

式中:r_{sb}——矿料的合成毛体积相对密度;

r_1、r_2、…,r_n——各种矿料相应的毛体积相对密度,粗集料按(JTG E42 T0304—2005)测定,机制砂及石屑按(JTG E42 T0330—2005)方法测定,也可以用筛出的 2.36~4.75mm 部分的毛体积相对密度代替,矿粉(含消石灰、水泥)以表观相对密度代替。

7.试件中的矿料间隙率可按式(5-10)计算。

$$VMA=\left(1-\frac{r_f}{r_{sb}}\times P_s\right)\times 100 \tag{5-10}$$

式中:VMA——沥青混合料试件的矿料间隙率(%);

P_s——沥青混合料中各种矿料占沥青混合料总质量的百分率之和,即$\sum P_i$(%);

r_{sb}——意义同前。

8.试件的有效沥青饱和度按式(5-11)计算。

$$VFA=\frac{VMA-VV}{VMA}\times 100 \tag{5-11}$$

式中:VFA——沥青混合料试件的有效沥青饱和度(%);

VMA、VV——意义同前。

9.试件中的粗集料骨架间隙率可按式(5-12)计算,取 1 位小数。

$$VCA_{mix}=\left(1-\frac{r_f}{r_{ca}}\times P_{ca}\right)\times 100 \tag{5-12}$$

式中:VCA_{mix}——沥青混合料中粗集料骨架之外的体积(通常指小于 4.75mm 的粗细集料、矿粉、沥青及空隙)占总体积的比例(%);

P_{ca}——沥青混合料中粗集料的比例(由计算,为矿料级配中 4.75mm 筛余量,即 100 减去 4.75mm,通过率之差)(%);

r_{ca}——矿料中所有粗集料颗粒部分对水的合成毛体积相对密度,按式(5-13)计算。

$$r_{ca}=\frac{P_{1c}+P_{2c}+\cdots+P_{nc}}{\frac{P_{1c}}{r_{1e}}+\frac{P_{2c}}{r_{2c}}+\cdots+\frac{P_{nc}}{r_{nc}}} \tag{5-13}$$

式中:P_{1c},…,P_{nc}——各种粗集料在矿料配合比中的比例(%);

r_{1e},…,r_{ne}——相应的各种粗集料对水的毛体积相对密度。

应在试验报告中注明沥青混合料的类型及采用的测定密度的方法。

五、上交资料

每人上交一份压实沥青混合料密度试验(表干法)实训报告(见第 189 页实训二)。

实训三　沥青混合料马歇尔稳定度试验

（JTJ 052 T0709—2000）

一、目的与适用范围

1.本方法适用于马歇尔稳定度试验和浸水马歇尔稳定度试验，以进行沥青混合料的配合比设计或沥青路面施工质量检验。浸水马歇尔稳定度试验(根据需要，也可进行真空饱水马歇尔试验)供检验沥青混合料受水损害时抵抗剥落的能力时使用，通过测试其水稳定性检验配合比设计的可行性。

2.本方法适用于标准马歇尔试件圆柱体和大型马歇尔试件圆柱体。

二、仪器设备

1.沥青混合料马歇尔试验仪：符合国家标准《沥青混合料马歇尔试验仪》(GB/T 11823)技术要求的产品，对用于高速公路和一级公路的沥青混合料宜采用自动马歇尔试验仪，用计算机或 $X-Y$ 记录仪记录荷载—位移曲线，并具有自动测定荷载与试件垂直变形的传感器、位移计，能自动显示或打印试验结果。对 ϕ63.5mm 的标准马歇尔试件，试验仪最大荷载不小于 25kN，测定精度为 100N，加载速率应能保持 50mm/min ± 5mm/min。钢球直径 16mm，上下压头曲率半径为 50.8mm。当采用 ϕ152.4mm 大型马歇尔试件时，试验仪最大荷载不得小于 50kN，读数准确度为 100N。上下压头的曲率内径为 152.4mm ± 0.2mm，上下压头间距 19.05mm ± 0.1mm。

大型马歇尔试件的压头尺寸如图 5-4 所示。

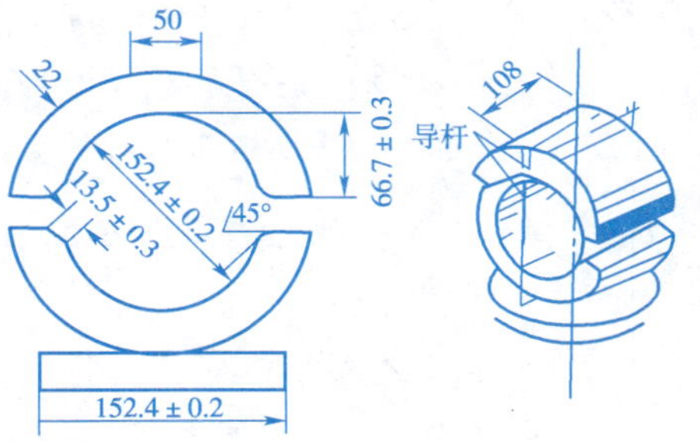

图 5-4　大型马歇尔试验的压头(尺寸单位：mm)

2.恒温水槽：控温准确度为 1℃，深度不小于 150mm。

3.真空饱水容器：包括真空泵及真空干燥器。

4.烘箱。

5.天平：感量不大于 0.1g。

6. 温度计:分度为 1℃。

7. 卡尺。

8. 其它:棉纱、黄油。

三、试验方法与步骤

(一)标准马歇尔试验方法

1. 试验准备

(1)按标准击实法成型马歇尔试件,标准马歇尔试件的尺寸应符合直径 101.6mm ± 0.2mm、高63.5mm ± 1.3mm 的要求。对大型马歇尔试件,尺寸应符合直径 152.4mm ± 0.2mm,高 95.3mm ± 2.5mm 的要求。一组试件的数量不得少于 4 个,并符合规定。

(2)测量试件的直径及高度:用卡尺测量试件中部的直径,用马歇尔试件高度测定器或用卡尺在十字对称的 4 个方向量测离试件边缘 10mm 处的高度,准确至 0.1mm,并以其平均值作为试件的高度。如试件高度不符合 63.5mm ± 1.3mm 或 95.3mm ± 2.5mm 要求或两侧高度差大于 2mm 时,此试件作废。

(3)按本规程规定的方法测定试件的密度、空隙率、沥青体积百分率、沥青饱和度、矿料间隙率等物理指标。

(4)将恒温水槽调节至要求的试验温度,对粘稠石油沥青或烘箱养生过的乳化沥青混合料为 60℃ ± 1℃,对煤沥青混合料为 33.8℃ ± 1℃。

2. 试验步骤

(1)将试件置于已达规定温度的恒温水槽中保温,保温时间对标准马歇尔试件需 30 ~ 40min,对大型马歇尔试件需 45 ~ 60min。试件之间应有间隔,底下应垫起,离容器底部不小于 5cm。

(2)将马歇尔试验仪的上下压头放入水槽或烘箱中达到同样温度。将上下压头从水槽或烘箱中取出擦拭干净内面。为使上下压头滑动自如,可在下压头的导棒上涂少量黄油。再将试件取出置于下压头上,盖上上压头,然后装在加载设备上。

(3)在上压头的球座上放妥钢球,并对准荷载测定装置的压头。

(4)当采用自动马歇尔试验仪时,将计算机采集的数据绘制成压力和试件变形曲线,或由 $X-Y$ 记录仪自动记录的荷载—变形曲线,按图 5-5 所示的方法在切线方向延长曲线与横

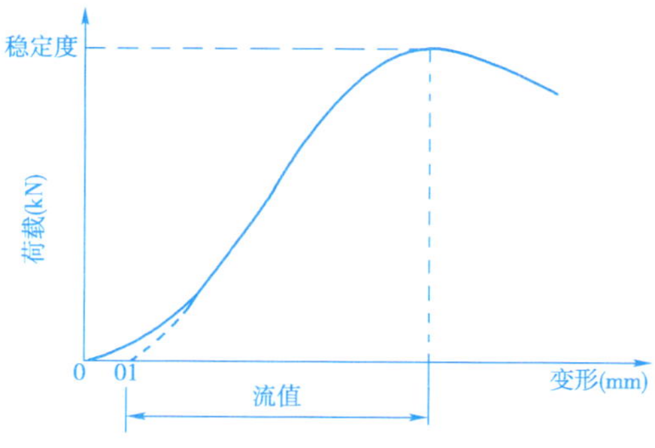

图 5-5 马歇尔试验结果的修正方法

坐标相交于 O_1，将 O_1 作为修正原点，从 O_1 起量取相应于荷载最大值时的变形作为流值（FL），以 mm 计，准确至 0.1mm。最大荷载即为稳定度（MS），以 kN 计，准确至 0.01kN。

（5）当采用压力环和流值计时，将流值计安装在导棒上，将导向套管轻轻地压住上压头，同时将流值计读数调零。调整压力环中百分表对零。

（6）启动加载设备，使试件承受荷载，加载速度为 50mm/min ± 5mm/min。计算机或 $X-Y$ 记录仪自动记录传感器压力和试件变形曲线，并将数据自动存入计算机。

（7）当试验荷载达到最大值的瞬间，取下流值计，同时读取压力环中百分表读数及流值计的流值读数。

（8）从恒温水槽中取出试件至测出最大荷载值的时间不得超过 30s。

（二）浸水马歇尔试验方法

浸水马歇尔试验方法与标准马歇尔试验方法的不同之处在于，试件在已达规定温度恒温水槽中的保温时间为 48h，其余均与标准马歇尔试验方法相同。

四、结果整理

1.计算

（1）试件的稳定度及流值

①当采用自动马歇尔试验仪时，将计算机采集的数据绘制成压力和试件变形曲线。求由 $X-Y$ 记录仪自动记录的荷载—变形曲线。曲线上最大荷载为稳定度（MS），以 kN 计，准确到 0.01kN；曲线上相应于荷载最大值时的变形作为流值（FL），以 mm 计，准确到 0.1mm。

②采用压力环和流值计测定时，根据压力环标定曲线，将压力环中百分表的读数换算为荷载值，或者由荷载测定装置读取的最大值即为试样的稳定度（MS），以 kN 计，准确至 0.01kN。由流值计及位移传感器测定装置读取的试件垂直变形，即为试件的流值（FL），以 mm 计，准确至 0.1mm。

（2）试件的马歇尔模数按式（5-14）计算。

$$T = \frac{MS}{FL} \tag{5-14}$$

式中：T——试件的马歇尔模数，kN/mm；

MS——试件的稳定度，kN；

FL——试件的流值，mm。

（3）试件的浸水残留稳定度按式（5-15）计算。

$$MS_0 = \frac{MS_1}{MS} \times 100 \tag{5-15}$$

式中：MS_0——试件的浸水残留稳定度，%；

MS_1——试件浸水 48h 后的稳定度，kN。

2.报告

（1）当一组测定值中某个测定值与平均值之差大于标准差的 k 倍时，该测定值应予舍弃，并以其余测定值的平均值作为试验结果。当试件数目 n 为 3、4、5、6 个时，k 值分别为 1.15、1.46、1.67、1.82。

(2)采用自动马歇尔试验时,试验结果应附上荷载-变形曲线的原件或自动打印结果,并报告马歇尔稳定度、流值、马歇尔模数,以及试件尺寸、试件密度、空隙率、沥青用量、沥青体积百分率、沥青饱和度、矿料间隙率等各项物理指标。

五、上交资料

每人上交一份沥青混合料马歇尔稳定度试验实训报告(见第 191 页实训三)。

实训四　沥青混合料车辙试验

(JTJ 052 T0719—1993)

一、目的与适用范围

1.本方法适用于测定沥青混合料的高温抗车辙能力,供沥青混合料配合比设计的高温稳定性检验使用。

2.车辙试验的试验温度与轮压可根据有关规定和需要选用。非经注明,试验温度为60℃,轮压为 0.7MPa。根据需要,如在寒冷地区也可采用 45℃,在高温条件下采用 70℃等,但应在报告中注明。计算动稳定度的时间原则上为试验开始后 45 ~ 60min 之间。

3.本方法适用于用轮碾成型机碾压成型的长 300mm、宽 300mm、厚 50mm 板块状试件,也适用于现场切割制作的长 300mm、宽 150mm、厚 50mm 板块状试件。根据需要,试件的厚度也可采用 40mm。

二、仪器设备

1.车辙试验机:如图 5-6,主要由下列部分组成。

(1)试件台:可牢固地安装两种宽度(300mm 及 150mm)的规定尺寸试件试模。

(2)试验轮:橡胶制的实心轮胎,外径 200mm,轮宽 50mm,橡胶层厚 15mm。橡胶硬度(国际标准硬度)20℃时为 84 ± 4,60℃时为 78 ± 2。试验轮行走距离为 230mm ± 10mm,往返碾压速度为 42 次/min ± 1 次/min(21 次往返/min)。允许采用曲柄连杆驱动试验台运动(试验轮不移动)或链驱动试验轮运动(试验台不动)的任一种方式。

注:轮胎橡胶硬度应注意检验,不符合要求者应及时更换。

(3)加载装置:使试验轮与试件接触压强在 60℃时为 0.7MPa ± 0.05MPa,施加的总荷重为 78kg 左右,根据需要可以调整。

(4)试模:钢板制成,由底板及侧板组成,试模内侧尺寸长为 300mm,宽为 300mm,厚为50mm(试验室制作),亦可固定 150mm 宽的现场切制试件。

(5)变形测量装置:自动检测车辙变形并记录曲线的装置,通常采用 LVDT、电测百分表或非接触位移计。

(6)温度检测装置：自动检测并记录试件表面及恒温室内温度的温度传感器、温度计，精密度 0.5℃。

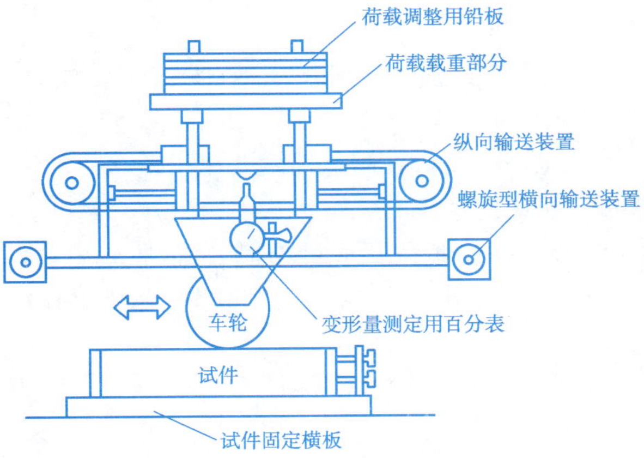

图 5-6　车辙试验机结构示意图

2.恒温室：车辙试验机必须整机安放在恒温室内，装有加热器、气流循环装置及装有自动温度控制设备，能保持恒温室温度 60℃ ± 1℃(试件内部温度 60℃ ± 5℃)。根据需要亦可为其它需要的温度。用于保温试件并进行试验。温度应能自动连续记录。

3.台秤：称量 15kg，感量不大于 5g。

三、试验方法与步骤

(一)试验准备

(1)试验轮接地压强测定：测定在 60℃时进行，在试验台上放置一块 50mm 厚的钢板，其上铺一张毫米方格纸，上铺一张新的复写纸，以规定的 700N 荷载后试验轮静压复写纸，即可在方格纸上得出轮压面积，并由此求得接地压强。当压强不符合 0.7MPa ± 0.05MPa 的，荷载应予适当调整。

(2)用轮碾成型法制作车辙试验试块。在试验室或工地制备成型的车辙试件，其标准尺寸为 300mm × 300mm × 50mm，也可从路面切割得到 300mm × 150mm × 50mm 的试件。

当直接在拌和厂取拌和好的沥青混合料样品制作试件检验生产配合比设计或混合料生产质量时，必须将混合料装入保温桶中，在温度下降至成型温度之前迅速送达试验室制作试件。如果温度稍有不足，可放在烘箱中稍事加热(时间不超过 30min)后使用，也可直接在现场用手动碾或压路机碾压成型试件，但不得将混合料放冷却后二次加热重塑制作试件。重塑制件的试验结果仅供参考，不得用于评定配合比设计检验是否合格使用。

(3) 如需要，将试件脱模按规定的方法测定密度及空隙率等各项物理指标。如经水浸，应用电扇将其吹干，然后再装回原试模中。

(4)试件成型后，连同试模一起在常温条件下放置的时间不得少于 12h。对聚合物改性沥青混合料，放置的时间以 48h 为宜，聚合物改性沥青充分固化后方可进行车辙试验，但室温放置时间也不得长于一周。

注：为使试件与试模紧密接触，应记住四边的方向位置不变。

（二）试验步骤

1. 将试件连同试模一起，置于已达到试验温度 60℃ ± 1℃的恒温室中，保温不少于 5h，也不得多于 24h。在试件的试验轮不行走的部位上，粘贴一个热电偶温度计（也可在试件制作时预先将热电偶导线埋入试件一角），控制试件温度稳定在 60℃ ± 0.5℃。

2. 将试件连同试模移置轮辙试验机的试验台上，试验轮在试件的中央部位，其行走方向需与试件碾压或行车方向一致，开动车辙变形自动记录仪，然后启动试验机，使试验轮往返行走，时间约 1h，或最大变形达到 25mm 时为止。试验时，记录仪自动记录变形曲线（如图 5-6）所示及试件温度。

注：对 300mm 宽且试验时变形较小的试件，也可对一块试件在两侧 1/3 位置处进行两次试验取平均值。

四、结果整理

1. 计算

（1）从图 5-7 上读取 45min（t_1）及 60min（t_2）时的车辙变形 d_1 及 d_2，准确至 0.01mm。

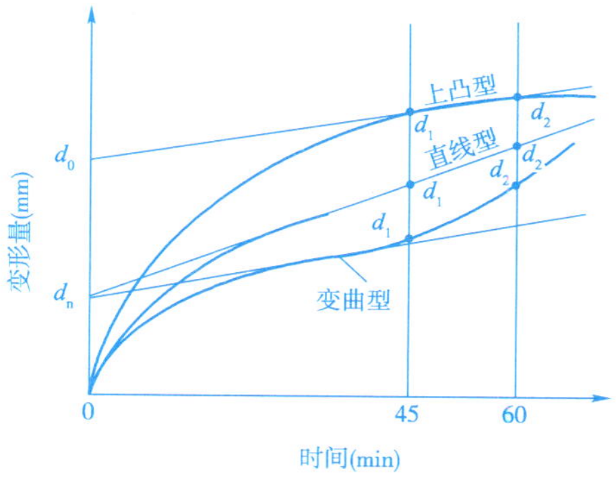

图 5-7 车辙试验自动记录的变形曲线

当变形过大，在未到 60min 变形已达 25mm 时，以达到 25mm（d_2）时的时间为 t_2，将其前 15min 为 t_1，此时的变形量为 d_1。

（2）沥青混合料试件的动稳定度按式（5-16）计算。

$$DS = \frac{(t_2 - t_1) \times N}{d_2 - d_1} \times C_1 \times C_2 \tag{5-16}$$

式中：DS——沥青混合料的动稳定度，次/mm；

d_1——对应于时间 t_1 的变形量，mm；

d_2——对应于时间 t_2 的变形量，mm；

C_1——试验机类型修正系数，曲柄连杆驱动试件的变速行走方式为 1.0，链驱动试验轮的等速方式为 1.5；

C_2——试件系数,试验室制备的宽 300mm 的试件为 1.0,从路面切割的宽 150mm 的试件为 0.8;

N——试验轮往返碾压速度,通常为 42 次/min。

2.报告

(1)同一沥青混合料或同一路段的路面,至少平行试验 3 个试件,当 3 个试件动稳定度变异系数小于 20%时,取其平均值作为试验结果。变异系数大于 20%时应分析原因,并追加试验。如计算动稳定度值大于 6000 次/mm 时,记作:>6000 次/mm。

(2)试验报告应注明试验温度、试验轮接地压强、试件密度、空隙率及试件制作方法等。

3.重复性试验动稳定度变异系数的允许差为 20%。

五、上交资料

每人上交一份沥青混合料车辙试验实训报告(见第 193 页实训四)。

实训五　沥青混合料中沥青含量试验(离心分离法)

(JTJ 052 T0722—1993)

一、目的与适用范围

1.本方法采用离心分离法测定粘稠石油沥青拌制的沥青混合料中沥青含量(或油石比)。

2.本方法适用于热拌热铺沥青混合料路面施工时的沥青用量检测,以评定拌和厂产品质量。此法也适用于旧路调查时检测沥青混合料的沥青用量,用此法抽提的沥青溶液可用于回收沥青,以评定沥青的老化性质。

二、仪器设备

1.离心抽提仪:由试样容器及转速不小于 3000r/min 的离心分离器组成,分离器备有滤液出口。容器盖与容器之间用耐油的圆环形滤纸密封。滤液通过滤纸排出后从出口流出收入回收瓶中,仪器安放稳固并有排风装置。

2.圆环形滤纸。

3.回收瓶:容量 1700mL 以上。

4.压力过滤装置。

5.天平:感量不大于 0.01g、1mg 的天平各一台。

6.量筒:最小分度 1mL。

7.电烘箱:装有温度自动调节器。

8.三氯乙烯:工业用。

9.碳酸铵饱和溶液:供燃烧法测定滤纸中的矿粉含量用。

10.其它:小铲、金属盘、大烧杯等。

三、试验方法与步骤

(一)试验准备

1.沥青混合料取样方法,在拌和厂从运料卡车获取沥青混合料试样,放在金属盘中适当拌和,待温度稍下降至100℃以下时,用大烧杯取混合料试样质量1000~1500g左右(m)(粗粒式沥青混合料用高限,细粒式用低限,中粒式用中值),准确至0.1g。

2.如果试样是路上用钻机法或切割法取得的,应用电风扇吹风使其完全干燥,置微波炉或烘箱中适当加热成松散状态取样,但不得用锤击以防集料破碎。

(二)试验步骤

1.向装有试样的烧杯中注入三氯乙烯溶剂,将其浸没,浸泡30min,用玻璃棒适当搅动混合料,使沥青充分溶解。

2.将混合料及溶液倒入离心分离器,用少量溶剂将烧杯及玻璃棒上的粘附物全部洗入分离容器中。

3.称取洁净的圆环滤纸质量,准确至0.01g。注意,滤纸不宜多次反复使用,有破损者不能使用,有石粉粘附者应用毛刷清除干净。

4.将滤纸垫在分离器边缘上,加盖紧固,在分离器出口处放上回收瓶,上口应注意密封,防止流出液成雾状散失。

5.开动离心机,转速逐渐增至3000r/min,沥青溶液通过排出口注入回收瓶中,待流出停止后停机。

6.从上盖的孔中加入新溶剂,数量大体相同,稍停3~5min后,重复上述操作,如此数次直到流出的抽提液成清澈的淡黄色为止。

7.卸下上盖,取下圆环形滤纸,在通风橱或室内空气中蒸发干燥,然后放入105℃±5℃的烘箱中干燥,称取质量,其增重部分(m_2)为矿粉的一部分。

8.将容器中的集料仔细取出,在通风橱或室内空气中蒸发后放入105℃±5℃烘箱中烘干(一般需4h),然后放入大干燥器中冷却至室温,称取集料质量(m_1)。

9.用压力过滤器过滤回收瓶中的沥青溶液,由滤纸的增重m_3得出泄漏入滤液中矿粉,如无压力过滤器时,也可用燃烧法测定。

10.用燃烧法测定抽提液中矿粉质量的步骤如下:

(1)将回收瓶中的抽提液倒入量筒中,准确定量至mL(V_a)。

(2)充分搅匀抽提液,取出10mL(V_b)放入坩埚中,在热浴上适当加热使溶液试样变成暗黑色后,置高温炉(500~600℃)中烧成残渣,取出坩埚冷却。

(3)按每1g残渣5mL的用量比例,向坩埚中注入碳酸胺饱和溶液,静置1h,放入105℃±

5℃烘箱中干燥。

(4)取出放在干燥器中冷却，称取残渣质量(m_4)，准确至1mg。

四、结果整理

1.沥青混合料中矿料的总质量按式(5-17)计算。

$$m_a = m_1 + m_2 + m_3 \quad (5\text{-}17)$$

式中：m_a——沥青混合料中矿料部分的总质量，g；

m_1——容器中留下的集料干燥质量，g；

m_2——圆环形滤纸在试验前后的增重，g；

m_3——泄漏入抽提液中的矿粉质量，g。

用燃烧法时可按式(5-18)计算。

$$m_3 = m_4 \times \frac{V_a}{V_b} \quad (5\text{-}18)$$

式中：V_a——抽提液的总量，mL；

V_b——取出的燃烧干燥的抽提液数量，mL；

m_4——坩埚中燃烧干燥的残渣质量，g。

2.沥青混合料中的沥青含量按式(5-19)计算，油石比按式(5-20)计算。

$$P_b = \frac{m - m_a}{m} \quad (5\text{-}19)$$

$$P_a = \frac{m - m_a}{m_a} \quad (5\text{-}20)$$

式中：m——沥青混合料的总质量，g；

P_b——沥青混合料的沥青含量，%；

P_a——沥青混合料的油石比，%。

同一沥青混合料试样至少平行试验两次，取平均值作为试验结果。两次试验结果的差值应小于0.3%，当大于0.3%但小于0.5%时，应补充平行试验一次，以3次试验的平均值作为试验结果，3次试验的最大值与最小值之差不得大于0.5%。

五、上交资料

每人上交一份沥青混合料中沥青含量试验(离心分离法)实训报告(见第195页实训五)。

实训六 沥青混合料肯塔堡飞散试验

(JTJ 052 T0733—2000)

一、目的与适用范围

1.本方法用以评价由于沥青用量或粘结性不足,在交通荷载作用下,路面表面集料脱落而散失的程度,以马歇尔试件在洛杉矶试验机中旋转撞击规定的次数,沥青混合料试件散落材料的质量的百分率表示。

2.标准飞散试验可用于确定沥青路面表面层使用的沥青玛蹄脂碎石混合料(SMA)、排水式大孔隙沥青混合料、抗滑表层混合料、沥青碎石或乳化沥青碎石混合料所需的最少沥青用量。

3.本方法的浸水飞散试验用以评价沥青混合料的水稳性。

二、仪器设备

1.沥青混合料马歇尔试件制作设备。

2.洛杉矶磨耗试验机,如图 5-8 所示。

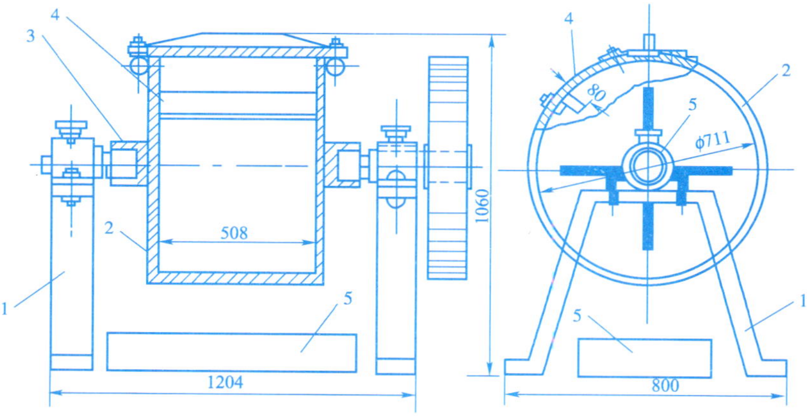

图 5-8 洛杉矶式磨耗机(尺寸单位:mm)

1-支架;2-圆筒;3-筒轴;4-搁板;5-盛器

3.恒温水槽:可控制恒温为 20℃,控温准确度为 0.5℃。

4.烘箱:大、中型各一台,装有温度调节器。

5.天平或电子秤:用于称量矿料的感量不大于 0.5g;用于称量沥青的感量不大于 0.1g。

6.插刀或大螺丝刀、温度计、电炉或煤气炉、沥青熔化锅、拌和铲、标准筛、滤纸(或普通纸)、胶布、卡尺、秒表、粉笔、棉纱等。

三、试验方法与步骤

(一)试验准备

1.根据实际使用的沥青混合料的配合比,按标准击实成型马歇尔试件、除非另有要求,击实成型次数为双面各50次、试件尺寸应符合直径101.6mm±0.2mm,高63.5mm±1.3mm的要求,一组试件的数量不得少于4个。对粗集料较多而沥青用量较少的混合料,小型沥青混合料拌和机拌匀有困难时,也可以采用手工炒拌的方法。拌和时应注意事先在拌和锅或炒锅中加入相当于拌和沥青混合料时在拌和锅内所粘附的沥青用量,以免影响油石比的准确性。

2.量测试件的直径及高度准确至0.1mm,尺寸不符合要求的试件作废。

3.按规定的方法测定试件的密度、空隙率、沥青体积百分率、沥青饱和度、矿料间隙率等物理指标。

4.将恒温水槽调节至要求的试验温度,标准飞散试验的试验温度为20℃±0.5℃;浸水飞散试验的试验温度为60℃±0.5℃。

(二)试验步骤

1.将试件放入恒温水槽中养生。对标准飞散试验,在20℃±0.5℃恒温水槽中养生20h。对浸水飞散试验,先在60℃±0.5℃恒温中养生48h,然后取出后在室温中放置24h。

2.从恒温水槽中逐个取出试件,称取试件质量m_0,准确至0.1g。

3.立即将一个试件放入洛杉矶试验机中,不加钢球,盖紧盖子(一次只能试验一个试件)。

4.开动洛杉矶试验机,以30~33r/min的速度旋转300转。

5.打开试验机盖子,取出试件及碎块,称取试件的残留质量。当试件已经粉碎时,称取最大一块残留试件的混合料质量m_1。

6.重复以上步骤,一种混合料的平行试验不少于3次。

四、结果整理

沥青混合料的飞散损失按式(5-21)计算。

$$\Delta S = \frac{m_0 - m_1}{m_0} \times 100 \tag{5-21}$$

式中:ΔS——沥青混合料的飞散损失,%;

m_0——试验前试件的质量,g;

m_1——试验后试件的残留质量,g。

五、上交资料

每人上交一份沥青混合料肯塔堡飞散试验实训报告(见第197页实训六)。

实训七　沥青混合料谢伦堡沥青析漏试验

（JTJ 052 T0732—2000）

一、目的与适用范围

本方法用以检测沥青结合料在高温状态下从沥青混合料析出并沥干多余的游离沥青的数量，供检验沥青玛蹄脂碎石混合料（SMA）、排水式大空隙沥青混合料（OGFC）或沥青碎石类混合料的最大沥青用量使用。

二、仪器设备

1.烧杯：800mL。

2.烘箱。

3.小型沥青混合料拌和机或人工炒锅。

4.玻璃板。

5.天平：感量不大于 0.1g。

6.其它：拌和机、手铲、棉纱等。

三、试验方法与步骤

1.根据实际使用的沥青混合料的配合比，对集料、矿粉、沥青、纤维稳定剂等按规定方法用小型沥青混合料拌和机拌和混合料。拌和时纤维稳定剂应在加入粗细集料后加入，并适当干拌分散，再加入沥青拌和至均匀。每次只能拌和一个试件，对粗集料较多而沥青用量较少的混合料，小型沥青混合料拌和机拌匀有困难时，也可以采用手工炒拌的方法。一组试件分别拌和 4 份，每 1 份为 1kg。第 1 锅拌和后即予废弃不用，使拌和锅或炒锅粘附一定量的沥青结合料，以免影响后面 3 锅油石比的准确性。当为施工质量检验时，直接从拌和机取样使用。

2.洗净烧杯，干燥，称取烧杯质量 m_0。

3.将拌和好的 1kg 混合料，倒入 800mL，烧杯中，称烧杯及混合料的总质量 m_1。

4.在烧杯上加玻璃板盖，放入 170℃ ± 2℃（当为改性沥青 SMA 时，宜为 185℃）烘箱中，持续 60min ± 1min。

5.取出烧杯，不加任何冲击或振动，将混合料向下扣倒在玻璃板上，称取烧杯以及粘附在烧杯上的沥青结合料、细集料、玛蹄脂等的总质量 m_2，准确到 0.1g。

四、结果整理

1.沥青析漏损失按式(5-22)计算。

$$\Delta m = \frac{m_2 - m_0}{m_1 - m_0} \times 100 \tag{5-22}$$

式中：m_0——烧杯质量，g；

m_1——烧杯及试验用沥青混合料总质量，g；

m_2——烧杯以及粘附在烧杯上的沥青结合料，细集料、玛蹄脂等的总质量，g；

Δm——沥青析漏损失，%。

2.报告

试验至少应平行试验3次，取平均值作为试验结果。

五、上交资料

每人上交一份沥青混合料谢伦堡沥青析漏试验实训报告(见第199页实训七)。

实训报告

实训一

日期：　　　　班级：　　　　组别：　　　　姓名：　　　　学号：

实训题目	沥青混合料试件制作方法(击实法)	成绩	
实训目的			
主要仪器			

沥青混合料级配组成	矿料名称	制备一个试件所需质量(g)	加入沥青质量(g)	矿料配合比(%)

试件编号	制件日期	拌和温度 T (℃)	击实温度 T (℃)	试件尺寸(mm)		试件用途
				高度 h	直径 d	

实训总结

上交实训报告，请学生沿此线撕下

实 训 报 告

实训二

日期：　　　　班级：　　　　组别：　　　　姓名：　　　　学号：

实训题目	压实沥青混合料密度试验(表干法)					成绩	
实训目的							
主要仪器							
矿料名称				沥青标号			沥青用量(%)
毛体积密度 (g/cm³)					沥青密度 (g/cm³)		
矿料比例(%)							

编号	试件空气中质量 (g)	试件水中质量 (g)	试件表干质量 (g)	理论密度 (g/cm³)	实测密度 (g/cm³)	沥青体积百分率 (%)	空隙率 (%)	矿料间隙率 (%)	沥青饱和度 (%)

实训总结

上交实训报告，请学生沿此线撕下

✂ 上交实训报告，请学生沿此线撕下 ✂

实训报告

实训三

日期：　　　　班级：　　　　组别：　　　　姓名：　　　　学号：

实训题目	沥青混合料马歇尔稳定度试验	成绩	
实训目的			
主要仪器			

矿料名称												沥青密度 (g/cm^3)	沥青用量(%)
矿料毛体积密度 (g/cm^3)													
矿料比例(%)													

编号	试件高度 单值			试件高度 均值	试件空气中质量(g)	试件水中质量(g)	理论密度 (g/cm^3)	实测密度 (g/cm^3)	沥青体积百分率(%)	空隙率(%)	矿料间隙率(%)	沥青饱和度(%)	稳定度(kN)	流值(0.1mm)
平均值														

实训总结

实 训 报 告

实训四

上交实训报告，请学生沿此线撕下

日期：　　　　班级：　　　　组别：　　　　姓名：　　　　学号：

<table>
<tr><td>实训题目</td><td colspan="5">沥青混合料车辙试验</td><td>成绩</td><td colspan="2"></td></tr>
<tr><td>实训目的</td><td colspan="8"></td></tr>
<tr><td>主要仪器</td><td colspan="8"></td></tr>
<tr><td rowspan="2">试验次数</td><td rowspan="2" colspan="2">对应于时间 t_1 的变形量 d_1(mm)</td><td rowspan="2">对应于时间 t_2 的变形量 d_2(mm)</td><td rowspan="2">仪器类型修正系数 C_1</td><td rowspan="2">仪器类型修正系数 C_2</td><td rowspan="2">车轮往返碾压速度(次/min)</td><td colspan="2">沥青混合料试件的动稳定度(次/mm)</td></tr>
<tr><td>单值</td><td>平均值</td></tr>
<tr><td>1</td><td colspan="2"></td><td></td><td></td><td></td><td></td><td></td><td rowspan="3"></td></tr>
<tr><td>2</td><td colspan="2"></td><td></td><td></td><td></td><td></td><td></td></tr>
<tr><td>3</td><td colspan="2"></td><td></td><td></td><td></td><td></td><td></td></tr>
<tr><td>试件尺寸</td><td></td><td>标准差(次/mm)</td><td></td><td>变异系数 C_v(%)</td><td colspan="4"></td></tr>
<tr><td colspan="9">实训总结</td></tr>
</table>

实训报告

实训五

日期：　　　　班级：　　　　组别：　　　　姓名：　　　　学号：

实训题目	沥青混合料中沥青含量试验(离心分离法)	成绩	
实训目的			
主要仪器			

抽提次数	混合料试件质量(g)	滤网滤纸合重(g)	混合料及网纸合重(g)	抽提后矿料滤网纸合重(g)	干矿料重(g)	沥青质量(g)	沥青含量(%)
1							
2							
平均沥青含量(%)							

孔径(mm)														
筛余质量(g)														
分计筛余(%)														
累计筛余(%)														
通过量(%)														
级配范围(%)														

实训总结

上交实训报告，请学生沿此线撕下

实训报告

实训六

日期：　　班级：　　组别：　　姓名：　　学号：

实训题目	**沥青混合料肯塔堡飞散试验**		成绩	
实训目的				
主要仪器				
试验次数	沥青混合料试验前质量 m_0(g)	沥青混合料试验后质量 m_1(g)	飞散损失 $\Delta S=(m_0-m_1)/m_1$ (%)	
			单值	平均值
1				
2				
3				
4				

实训总结

上交实训报告，请学生沿此线撕下

实训报告

实训七

上交实训报告，请学生沿此线撕下

日期：　　　　班级：　　　　组别：　　　　姓名：　　　　学号：

实训题目	沥青混合料谢伦堡沥青析漏试验					成绩	
实训目的							
主要仪器							
试样编号	试验温度（℃）	试验时间（min）	干燥烧杯质量 m_0(g)	烧杯＋试样质量 m_1(g)	倒扣后烧杯＋剩余混合料质量 m_2(g)	沥青析漏损失 Δm（%）	平均值

实训总结

第六章　钢材试验实训指导

实训一　金属冷弯试验

（GB/T 232—1999）

一、目的与适用范围

本方法用以检验金属承受规定歪曲程度的弯曲变形性能，并显示其缺陷。但不适用于金属管材和金属焊接接头的弯曲试验。

二、仪器设备

应在配备下列弯曲装置之一的试验机或压力机上完成试验。

1. 支辊式弯曲装置（见图 6-1）：支辊应具有足够的硬度，支辊间距离应按式（6-1）确定：

$$L = (d + 3a) \pm 0.5a \tag{6-1}$$

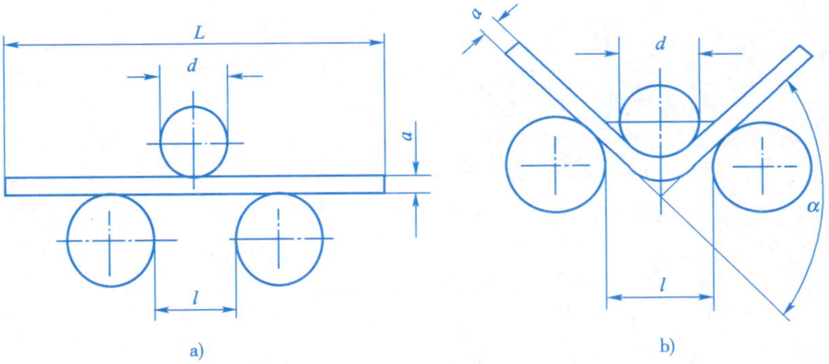

图 6-1　支辊式弯曲装置

2. V 形模具式弯曲装置：模具的 V 形槽其角度应为 $180° - \alpha$（见图 6-2），弯曲压头的圆角半径为 $d/2$。其中 α 为弯曲角度（°）。

3. 虎钳式弯曲装置：装置由虎钳配备足够硬度的弯心组成（见图 6-3），可以配置加力杠杆。

4. 翻板式弯曲装置：翻板带有楔形滑块，滑块应具有足够的硬度。翻板固定在耳轴上，试验时能绕耳轴轴线转动。耳轴连接弯曲角度指示器，指示弯曲角度（见图 6-4）。翻板间距离按式(6-2)确定：

$$L = (d + 2a) + e \tag{6-2}$$

式中：e 取值为 2～6。

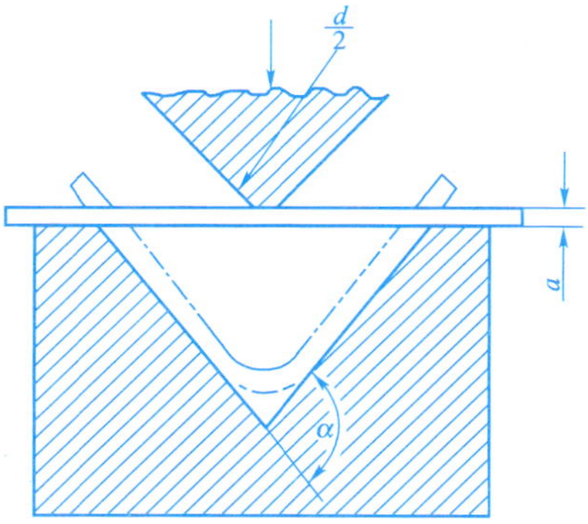

图 6-2　V 形模具式弯曲装置

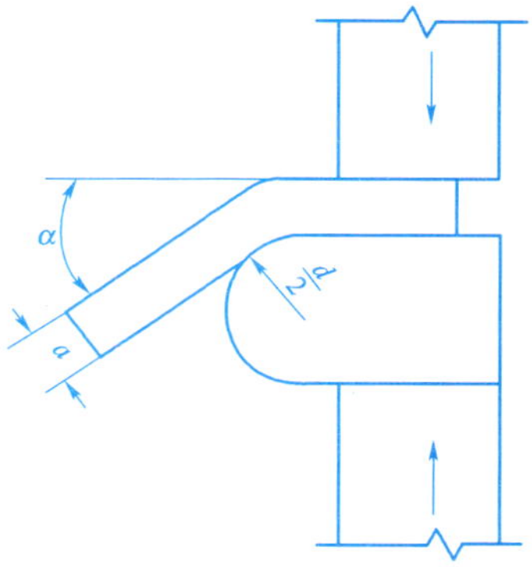

图 6-3　虎钳式弯曲装置

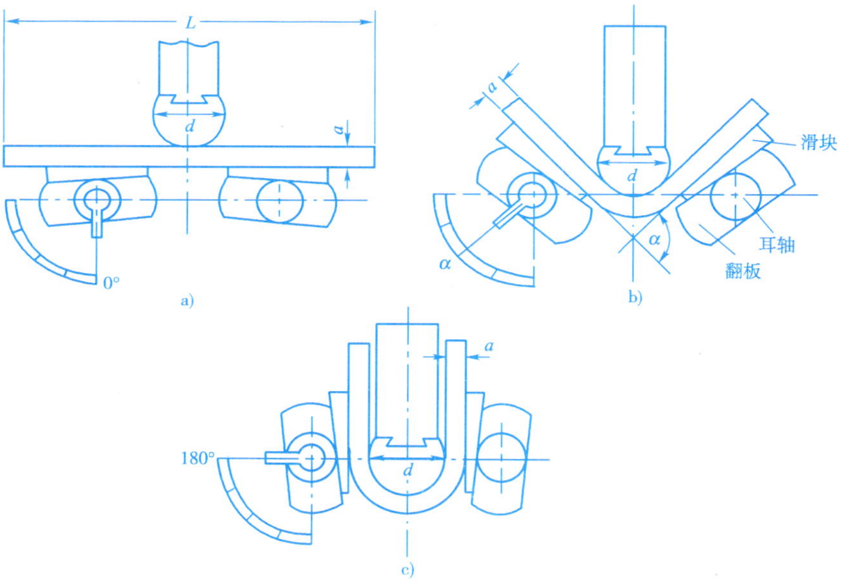

图 6-4　翻板式弯曲装置

三、试验方法与步骤

（一）试验准备

1. 试验使用圆形、方形、矩形或多边形横截面的试样。样坯的切取位置和方向应按照相关产品标准的要求进行。试样应通过机加工去除由于剪切或火焰切割等影响了材料性能的部分。

2.试样表面不得有划痕和损伤。方形、矩形和多边形横截面试样的棱边应倒圆，倒圆半径不超过试样厚度的1/10。棱边倒圆时不应形成影响试验结果的横向毛刺、伤痕或划痕。

3.试样宽度应符合相关产品标准的要求。如未具体规定，应按以下要求：

(1)当产品宽度不大于20mm时，试样宽度为原产品宽度；

(2)当产品宽度大于20mm，厚度小于3mm时试样宽度为20mm±5mm；厚度不小于3mm时，试样宽度在20~50mm之间。

4.试样厚度或直径应按相关产品标准的要求，如未具体规定，应按以下要求：

(1)对于板材、带材和型材，产品厚度不大于25mm时，试样厚度应为原产品的厚度；产品厚度大于25mm时，试样厚度可以机加工减薄至不小于25mm，应保留一侧原表面。

(2)弯曲试验时试样保留的原表面应位于受拉变形一侧。

5.直径或多边形横截面内切圆直径不大于50mm的产品，其试样横截面应为产品的横截面。钢筋类产品均以其全截面进行试验。

6.试样长度应根据试样厚度和所使用的试验设备确定。采用图6-1和图6-4所示的方法，可以按照式(6-3)确定：

$$L=0.5\pi(d+a)+140\text{mm} \tag{6-3}$$

式中：L——试样长度，mm；

π——圆周率，取3.1；

d——弯曲压头或弯心直径，mm；

a——试样厚度(或直径)或多边形横截面内切圆直径，mm。

(二)试验步骤

1.试验一般在10~35℃的室温范围内进行。对温度要求严格的试验，试验温度应为23℃±5℃。

2.试样弯曲至规定弯曲角度的试验，应将试样放于两支辊或V形模具或两水平翻板上，试样轴线应与弯曲压头轴线垂直，弯曲压头在两支座之间的中点处对试样连续施加力使其弯曲，直至达到规定的弯曲角度。如不能直接达到规定的弯曲角度，应将试样置于两平行压板之间(见图6-5)，连续施加力压其两端使进一步弯曲，直至达到规定的弯曲角度。

3.试样弯曲180°角至两臂相距为规定距离且相互平行的试验，如采用图6-1的方法时，应首先对试样进行初步弯曲(弯曲角度尽可能大)，然后将试样置于两平行压板之间(见图6-5)，连续施加力压其两端使进一步弯曲，直至两臂平行(见图6-6)。试验时垫块可加可不

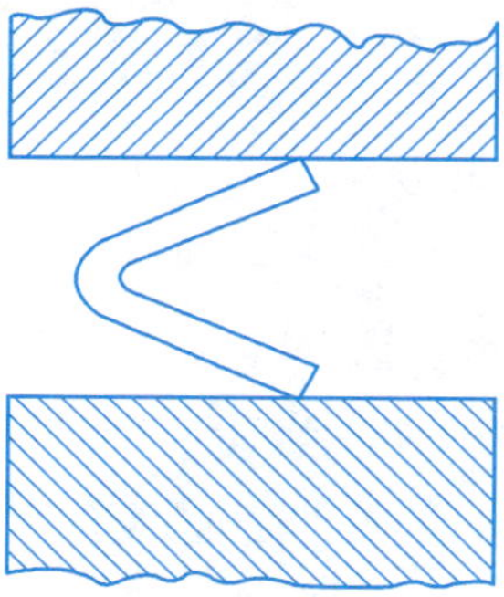

图6-5　试样置于两平行压板之间

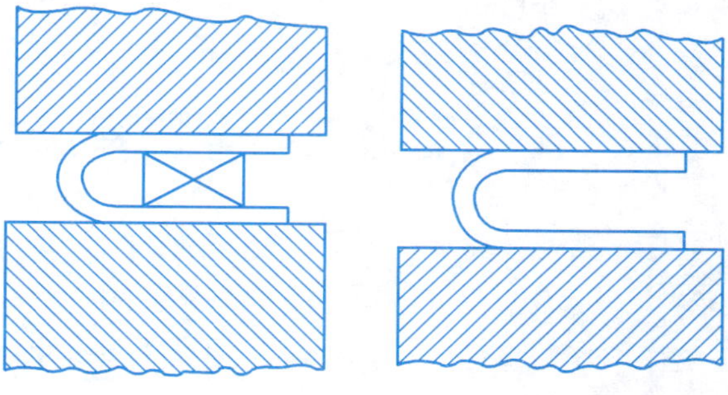

a)　b)

图6-6　试样弯曲至两臂平行

加。采用图 6-4 的方法时，在不改变作用力方向的条件下，弯曲直至达到 180°角。

4. 试样弯曲至两臂直接接触的试验，应将试样进行初步弯曲（弯曲角度应尽可能大），然后将其置于两平行压板之间（见图 6-5），连续施加力压其两端使进一步弯曲，直至两臂直接接触（见图 6-7）。

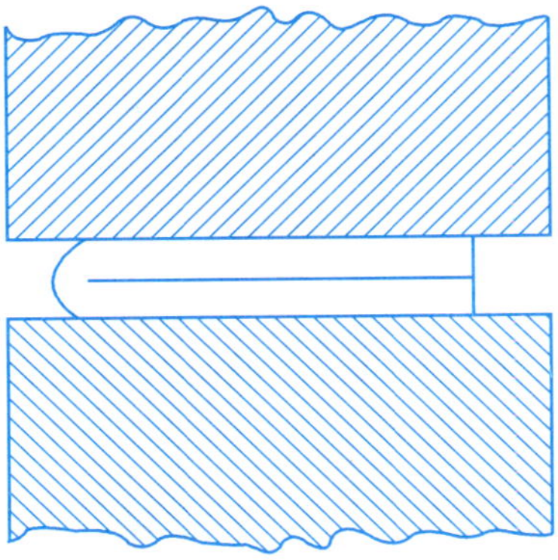

图 6-7　试样弯曲至两臂直接接触

5. 可以采用图 6-3 所示的方法进行弯曲试验。试样一端固定，绕弯心进行弯曲，直至达到规定的弯曲角度。

6. 弯曲试验时，应缓慢施加弯曲力。

四、结果整理

1. 按相关标准的要求评定弯曲试验结果。如未规定具体要求，若弯曲试验后试样弯曲外表面无肉眼可见裂纹，应评定为合格。

2. 相关标准规定的弯曲角度认作为最小值，规定的弯曲半径认作为最大值。

五、上交资料

每人上交一份金属冷弯试验实训报告（见第 209 页实训一）。

实训二　金属室温拉伸试验

（GB/T 228—2002）

一、目的与适用范围

本方法规定金属室温拉伸试验方法，用以测定本方法所规定的一项或几项力学性能。

二、仪器设备

1. 各种类型拉力试验机均可使用。试验机应按照相应的标准进行检验，准确度应为1级或优于1级。

2. 各种类型的引伸计均可用以测定试样的伸长。测定上屈服强度、下屈服强度、规定非比例延伸强度等的验证试验，应使用准确度不劣于1级的引伸计；测定抗拉强度、断后伸长率等其它具有较大延伸率的材料拉伸性能时，应使用准确度不劣于2级的引伸计。

三、试验方法与步骤

(一)试验准备

1. 试样

(1)试样分为比例试样的和非比例试样的两种。试样原始标距与原始横截面积有 $L_0 = K\sqrt{S_0}$关系者为比例试样。国际上的比例系数的值 K 为5.65。原始标距应不小于15mm。当试样横截面积太小，比例系数可优先采用11.3的值或非比例试样。非比例试样其原始标距与其原始横截面积无关。

比例试样见图6-8。试样横截面可以为圆形、矩形、多边形、环形，特殊情况下可以为其它形状。

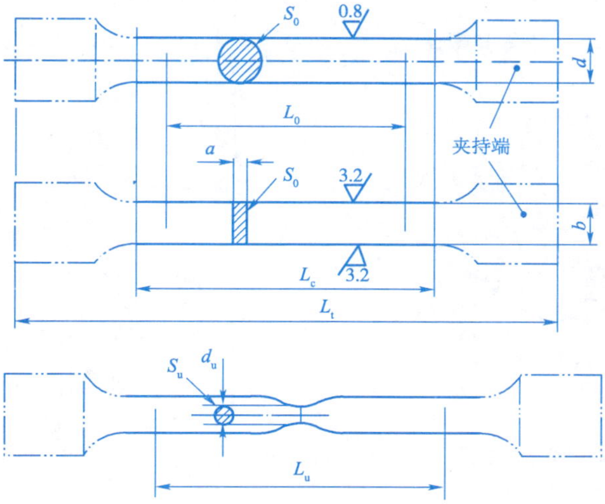

图6-8 比例试样

(2)样坯截取的部位、数量以及试样的纵轴方向(沿材料的纵向、横向、放射方向或切向方向)按有关标准、技术条件或双方协议之规定执行。由金属材料和制品中截取样坯时，一般应在切削机床上进行，必要时允许用烧割、冷剪或其它方法截取；必要时对样坯及不加工试样允许校直或校平，但必须保证在操作中不显著影响金属的性能。

2. 原始横截面积(S_0)的测定

圆形、板状试样及整拉圆线、圆管试样的截面尺寸(直径、厚度及宽度)应在其标距长度的两端及中间予以测量。圆截面直径应在每处两个相互垂直的方向上各测一次,取其算术平均值,选用三处截面积中的最小者,计算原始横截面积,并至少保留4位有效数字。

3.原始标距(L_0)的标记

应用小标记、细滑线或细墨线标记原始标距,但不得用引起过早断裂的缺口做标记。对于比例试样,应将原始标距的计算值修约至最接近5mm的倍数,中间数值向较大一方修约。原始标距的标记应准确到±1%。如平行长度(L_c)比原始标距长许多,例如不经机加工的试样,可以标记一系列套叠的原始标距,有时可以在试样表面画一条平行于试样纵轴的线,并在此线上标记原始标距。

(二)试验步骤

1.上屈服强度(R_{eH})和下屈服强度(R_{eL})的测定

(1)上屈服强度是试样发生屈服而力首次下降前的最高应力;下屈服强度是在屈服期间,不计初始瞬时效应时的最低应力。呈现明显屈服(不连续屈服)现象的金属材料,相关产品标准应规定测定上屈服强度或下屈服强度或两者都测定。按照定义,采用下列方法测定上屈服强度和下屈服强度。

(2)图解方法:试验时记录力—位移曲线。从曲线图读取力首次下降前的最大力和不计初始瞬时效应时屈服阶段中的最小力或屈服平台的恒定力。将其分别除以试样原始横截面积(S_0)得到上屈服强度和下屈服强度(见图6-9)。仲裁试验采用图解方法。

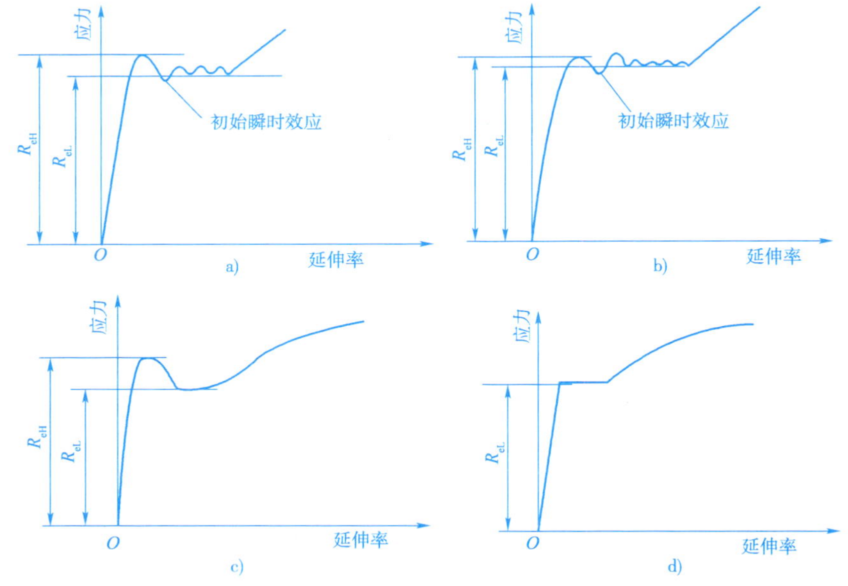

图6-9 不同类型曲线的上屈服强度和下屈服强度

(3)指针方法:试验时,读取测力度盘指针首次回转前指示的最大力和不计初始瞬时效应时屈服阶段中指示的最小力或首次停止转动指示的恒定力,将其分别除以试样原始横截面积(S_0)得到上屈服强度和下屈服强度。

(4)可以使用自动装置(例如微处理机等)或自动测试系统测定上屈服强度和下屈服强

度，可以不绘制拉伸曲线图。

2.抗拉强度（R_m）的测定

（1）抗拉强度是相应最大力（F_m）的应力。按照定义或采用图解或指针方法测定。

（2）对于呈现明显屈服（不连续屈服）现象的金属材料，从记录的力—延伸或力—位移曲线图，或从测力度盘读取过了屈服阶段之后的最大力（见图6-10）；对于无明显屈服（连续屈服）现象的金属材料，从记录的力—延伸或力—位移曲线图，或从测力度盘读取试验过程中的最大力。最大力除以试样原始横截面积（S_0）得到抗拉强度。

（3）可以使用自动装置（例如微处理机等）或自动测试系统测定抗拉强度，可以不绘制拉伸曲线图。

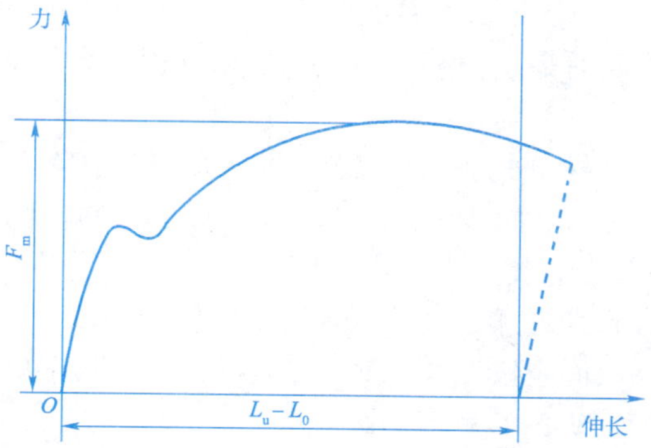

图6-10　最大力（F_m）

3.断后伸长率（A）的测定

（1）断后伸长率（A）是指断后标距的残余伸长（L_u-L_o）与原始标距（L_o）之比的百分率。按照定义测定断后伸长率。为了测定断后伸长率，应将试样断裂的部分仔细地配接在一起使其轴线处于同一直线上，并采取特别措施确保试样断裂部分适当接触后测量试样断后标距。这对小横截面试样和低伸长率试样尤为重要。

应使用分辨力优于0.1mm的量具或测量装置测定断后标距（L_u），准确到±0.25mm。如规定的最小断后伸长率小于5%，建议采用特殊方法进行测定。

原则上，只有断裂处与最接近的标距标记的距离不小于原始标距三分之一的情况方为有效。但断后伸长率大于或等于规定值，不管断裂位置处于何处测量均为有效。

（2）能用引伸计测定断裂延伸的试验机，引伸计标距（L_e）应等于试样原始标距（L_0），无需标出试样原始标距的标记。以断裂时的总延伸作为伸长测量时，为了得到断后伸长率，应从总延伸中扣除弹性延伸部分。原则上，断裂发生在引伸计标距以内方为有效，但断后伸长率等于或大于规定值，不管断裂位置处于何处测量均为有效。

注：如产品标准规定用一固定标距测定断后伸长率，引伸计标距应等于这一标距。

4.断面收缩率（Z）的测定

（1）断面收缩率（Z）是断裂后试样横截面积的最大缩减量（S_0-S_u）与原始横截面积（S_0）之比的百分率。按照定义测定断面收缩率。断裂后最小横截面积的测定应准确到±2%。

（2）测量时，如需要将试样断裂部分仔细地配接在一起，使其轴线处于同一直线。对于圆形横截面试样，在缩颈最小处相互垂直方向测量直径，取其算术平均值计算最小横截面积；对于矩形横截面试样，测量缩颈处的最大宽度和最小厚度（见图 6-11），两者之乘积为断后最小横截面积。

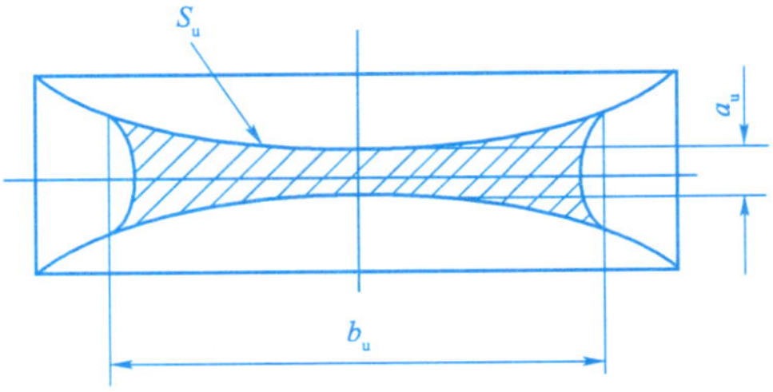

图 6-11　矩形横截面试样缩颈处最大宽度和最小厚度

原始横截面积（S_0）与断后最小横截面积（S_u）之差除以原始横截面积的百分率得到断面收缩率。

（3）薄板和薄带试样、管材全截面试样、圆管纵向弧形试样和其它复杂横截面试样及直径小于 3mm 试样，一般不测定断面收缩率。如要求应双方商定测定方法，断后最小横截面积的测定准确度亦符合（1）的要求。

5. 性能测定结果数值的修约

试验测定的性能结果数值应按照相关产品标准的要求进行修约。如未规定具体要求，应按照表 6-3 的要求进行修约。

四、结果整理

试验出现下列情况之一时，其试验结果无效，应重做同样数量试样的试验。

（1）试样断在标距外或断在机械刻划的标距上，而且断后伸长率小于规定最小值。

（2）试验期间设备发生故障，影响了试验结果。

五、上交资料

每人上交一份金属室温拉伸试验实训报告（见第 211 页实训二）。

实训报告

实训一

日期：　　　班级：　　　组别：　　　姓名：　　　学号：

实训题目	金属冷弯试验			成绩	
实训目的					
主要仪器					

试样编号	试样尺寸(mm)		弯心直径 d(mm)	弯曲角度 a(°)	结果评定
	直径	长度			

实训总结

上交实训报告，请学生沿此线撕下

实训报告

实训二

上交实训报告，请学生沿此线撕下

日期：　　　班级：　　　组别：　　　姓名：　　　学号：

实训题目	金属室温拉伸试验							成绩			
实训目的											
主要仪器											
试样名称	试验编号	试件尺寸			拉伸荷载（kN）		强度（MPa）		伸长率（%）		
		直径（mm）	截面积（mm^2）	标距（mm）	屈服	极限	屈服点	拉伸强度	断后标距（mm）	伸长率	
实训总结											

参考文献

[1] 中华人民共和国行业标准.JTG F42—2005 公路工程集料试验规程.北京:人民交通出版社,2005

[2] 中华人民共和国行业标准.JTG E41—2005 公路工程岩石试验规程.北京:人民交通出版社,2005

[3] 中华人民共和国行业标准.JTJ 057—94 公路工程无机结合料稳定材料试验规程.北京:人民交通出版社,1994

[4] 中华人民共和国国家标准.GB/T 176—96 水泥化学分析方法.北京:中华人民共和国技术监督局发布,1996

[5] 中华人民共和国行业标准.JTG E30—2005 公路工程水泥及水泥混凝土试验规程.北京:人民交通出版社,2005

[6] 中华人民共和国行业标准.JTJ 052—2000 沥青与沥青混合料试验规程.北京:人民交通出版社,2000

[7] 中华人民共和国国家标准.GB/T 232—1999 金属弯曲试验方法.北京:中国标准出版社,1999

[8] 中华人民共和国国家标准.GB/T 228—2002 金属材料室温拉伸试验方法.中华人民共和国国家质量监督检验检疫总局发布,2002

[9] 马真安等主编.工程测量实训指导.北京:人民交通出版社,2005